Rで多変量解析

渡辺利夫 著
Toshio Watanabe

Multivariate Analysis by R Language

ナカニシヤ出版

はじめに

　筆者がまだ学生だった1970年代後半は，大型計算機の時代であった。パンチカードに打ち込んだコンピュータプログラムをもって計算機センターへ行き，カードリーダーでパンチカードを読み込み，2時間位してから計算機センターへコンピュータの出力を取りに行った。あの頃，多変量解析はFORTRANを使用して自分でプログラムを書くか，SPSSあるいは，BMDという汎用プログラムを利用して行うという方法をとっていた。当時はCPU使用料を支払う必要があり，前もって計算機センターにそれなりの使用量を納入してからコンピュータを使用した。CPU使用量は3分で5,000円位したように記憶している。普通の計算であれば，ほとんど瞬間的に計算されるので，5,000円も納入していれば十分なのだが，項目が100以上の因子分析を行うと，割と時間がかかり，3分では計算が終了しなかったことを記憶している。逆行列の計算に時間がかかったようである。学生にとっては当時因子分析というのはお金のかかる分析であった。しかし，そのあと，PDP11というミニコンピュータが心理学の研究室に導入され，無料でコンピュータが使用できるようになり，因子分析を行う筆者にとってはこの上なく喜ばしいことであった。さらにそのあと，パソコンが普及し，自分の家でも多変量解析が使用できるようになったが，汎用プログラムを使用すると有料だったので，まだ不便を感じていた。しかし，無料ソフトのR言語が普及している今，もはや多変量解析はしたい放題，自分の部屋だけでなく，車の中でも出張先のホテルでもどこでも可能である。大変便利な時代が到来している。そのような便利な時代が到来した今，多くの人が多変量解析を使用するようになった。データを入れるだけで汎用プログラムが自動的に計算してくれる。しかし，どのように計算してくれているのか，中身がわからないことが多いのが実情である。

　「フレッシュマンから大学院生までのデータ解析・R言語」を出版してからはや11年が経過した。11年前よりもR言語のシステム関数もだいぶ充実してきたかと思うが，既存のシステム関数でも，研究者が必要とする出力が得られない場合や，修正を加えた場合の方が効率的であるような関数も存在するように思える。そのためには，最低限のプログラム作成の知識が必要となる。本書では，最低限のプログラミングの知識を提供し，だれもが比較的簡単に独自の関数が作成できることを目標にした。

　また，前著では，分散分析も含めたので，ページ数の多い書籍となってしまったが，今回は使用頻度の高い多変量解析のみに限定したため，ページ数が少なくなり，価格も抑えることができた。しかし，実践的側面だけでなく理論的側面も十分に説明しているので，濃い内容となっている。さらに，R言語では，まだシステム関数として存在しない判別分析INDSCALや数量化理論の関数も含めているので，大いに役立つのではないかと考えている。本著をもとに多変量解析を使用する研究者・学生が増えることを期待する。

目　　次

はじめに　*i*

1　Rの基礎 ……………………………………………………………… *1*
1. R言語のインストール　*1*
2. Rで行列演算　*2*
3. Rでグラフィックス　*11*
4. Rで独自プログラミング　*14*
5. システム関数　*16*

2　Rで重回帰分析 ……………………………………………………… *27*
1. 単回帰分析　*27*
2. 重回帰分析　*30*
3. 重回帰分析の特殊な場合　*37*

3　Rで因子分析 ………………………………………………………… *39*
1. 因子分析の考え方　*39*
2. バリマックス回転とプロマックス回転　*42*
3. 因子得点について　*44*
4. 主成分分析と因子分析の関係　*45*
5. Rで因子分析　*48*

4　RでMDS ……………………………………………………………… *55*
1. MDSの考え方　*55*
2. MDSと因子分析との関係　*59*
3. RでMDS　*59*

5　Rでクラスタ分析 …………………………………………………… *69*
1. クラスター分析の考え方　*69*
2. Rでクラスター分析　*74*

6　Rで判別分析 ………………………………………………………… *79*
1. 判別分析の考え方　*79*
2. 線形判別分析について　*81*

3. 分散共分散行列の等質性の検定　*82*
　　4. 判別分析の例　*83*
　　5. Rで判別分析　*85*

7　Rで数量化理論……………………………………………………… *91*
　　1. 数量化Ⅰ類　*91*
　　2. 数量化Ⅱ類　*94*
　　3. 数量化Ⅲ類　*100*
　　4. 数量化Ⅳ類　*105*

8　Rで共分散構造分析……………………………………………… *109*
　　1. 共分散構造分析の考え方　*109*
　　2. Rで共分散構造分析　*111*

　　文　　献　*123*
　　索　　引　*125*

1 Rの基礎

1. R言語のインストール

　R言語は，オープンソース・フリーソフトウェアの統計解析向けのプログラミング言語およびその開発実行環境である。R言語はニュージーランドのオークランド大学の Ross Ihaka と Robert Clifford Gentleman により作られた。パソコンのOSには，Windows と Mac などがあるが，R言語のフリーソフトもそれに合わせて Windows 版と MAC 版などが準備されている。まず，R言語のフリーソフトをインストールするために，身近なサイトに入ってみよう。YAHOO などの検索を利用して，Rインストールで検索すると，Windows 版であれば，たとえば，

　　http://cran.ism.ac.jp/bin/windows/

というサイトが見つかる（2016年3月16日時点）。上のサイトを開いて，base をクリックすると，

　　Download R 3.2.4 for Windows

という行が最上欄にあるので，これをクリックし，最下欄の実行をクリックすると，ダウンロードが始まる。

　インストール中に使用する言語を聞いてくるので，日本語を選ぶ。
　R for Windows 3.2.4 セットアップの画面が表示されるので，「次へ」をクリックし，インストール先の指定を

　　C:¥Program Files¥R¥R-3.2.4

とする。そして，「次へ」をクリックすると，「コンポーネントの選択」が表示される。「次へ」をクリックする。「起動時オプション：起動時オプションをカスタマイズしますか」と尋ねてくるので，「いいえ」を選択し，「次へ」をクリックする。
　「プログラムグループの指定：プログラムアイコンを作成する場所を指定してください」と表示されるので，そのまま「R」とし，「次へ」をクリックする。
　「追加タスクの選択：実行する追加タスクを選択してください」と表示されてくるので，表示されているままに選択し，「次へ」をクリックする。ダウンロードが開始され，すぐに終了するので，「完了」をする。

デスクトップにRのアイコンRi386 3.2.4が作成される。これをクリックすると，R言語のコンソール画面が表示される。画面には以下のことが表示されている。

```
R version 3.2.4 (2016-03-10) -- "Very Secure Dishes"
Copyright (C) 2016 The R Foundation for Statistical Computing
Platform: i386-w64-mingw32/i386 (32-bit)

Rは，自由なソフトウェアであり，「完全に無保証」です。
一定の条件に従えば，自由にこれを再配布することができます。
配布条件の詳細に関しては，'license()'あるいは'licence()'と入力してください。

Rは多くの貢献者による共同プロジェクトです。
詳しくは'contributors()'と入力してください。
また，RやRのパッケージを出版物で引用する際の形式については'citation()'と入力
してください。

'demo()'と入力すればデモをみることができます。
'help()'とすればオンラインヘルプが出ます。
'help.start()'でHTMLブラウザによるヘルプがみられます。
'q()'と入力すればRを終了します。

>
```

最後の＞がR言語用のプロンプトで，この右にR言語で使用するコマンド（命令文）を書き入れてRを実行することになる。とりあえず，

```
> q()
```

とコマンドを書き入れてRを終了してみよう。すると，「作業スペースを保存しますか」と尋ねてくるので，「いいえ」を選択してRを終了する。

Rを再び立ち上げるには，デスクトップのアイコンを再びクリックすればよい。

2. Rで行列演算

1）Rで行列を作成

R言語は，基本的には，プロンプト＞の右にコマンドを記入してそれを実行することになるが，このコマンドには，R言語のフリーソフトが最初から準備しているシステム関数と使用者自身が作成した関数に分けられる。まずは，システム関数として準備されているコマンドを使用し

て，Rを実行してみよう．

```
> x <- c(1, 2, 3)
```

上のコマンドは，3つの数字 1，2，3 を x という変数に格納しなさいという命令である．ここで，c は，システム関数で，c( ) のカッコの中の数字（あるいは文字）を要素とするベクトルを作成しなさいという命令である．そして，<- は，<- の右で定義された内容を <- の左の変数（R言語ではオブジェクトと呼ぶ）に格納しなさいということを意味する．ここで，オブジェクト x は，1，2，3 を要素するベクトルとなる．ここで使用するオブジェクトは，英数字と「．」の組み合わせで定義する．通常は，アルファベットが先頭にくる．たとえば，x_1，x_2 のように．オブジェクト名が異なると，その中に格納されている内容も異なる．オブジェクト名は，そこに格納されている内容がわかるような名前でよく定義される．たとえば，身長のデータであれば，オブジェクト名を height と定義する．そうすれば，オブジェクト名を見るだけで中身が何であるかがすぐにわかる．しかし，システム関数としてすでに使用されている名前をオブジェクト名として定義すると，いろいろと不都合が生じる．たとえば，c はベクトルを作成する関数名として使用されているので，オブジェクト名として使用することには適さない．しかし，c1 のように数字と組み合わせれば問題はない．あるオブジェクト名がすでに関数名として使用されているかどうかは，そのオブジェクト名をプロンプトの後に入力すればわかる．関数名として定義されていれば，その関数の中身が表示される．あるいは，すでに使用されているオブジェクト名であれば，その中身が表示される．まだ使用されていないオブジェクト名であれば，「エラー：オブジェクト 'xxxx' がありません」と表示される．

ベクトルという言葉がわからないという人がいるかもしれないが，統計学やデータ解析では，ベクトルとか，行列とか，スカラーという用語がよく使用される．ベクトルは，とりあえずは2つ以上の要素から成り立つ集合（要素の集まり）と考える．ベクトルを構成する要素が数字であれば，それらの要素を各座標軸の座標値と考えて幾何学的に表現することもできる．たとえば x <- c(3, 2) であれば，第1座標軸の座標値が 3，第2座標軸の座標値が 2 となるので，ここの点を座標軸にとり，点 O を始点とし，点 X(3, 2) を終点として，2 点 O，X をつなげ，終点に矢印を付けると，ベクトルは，方向と大きさをもった矢印を意味することになる．ベクトルとは，幾何学的には方向と大きさをもつ矢印ということになる．ベクトルの方向は，ベクトルの矢印が向いている方向で，ベクトルの大きさとは，ベクトルの長さ（始点から終点までの長さ）を意味する．

上の例のようにベクトルの要素を横に並べたベクトルを行ベクトルと呼び，これに対して縦に要素を並べたベクトルを列ベクトルと呼ぶ．これに対して要素が1つの場合をスカラーと呼ぶ．2つ以上のスカラーが集まったものがベクトルである．そして，行列とは，2つ以上のベクトルから構成される集合と考える．たとえば，

```
> y <- matrix(c(1, 2, 3, 4, 5, 6), ncol=2, byrow=T)
```

を実行し，>y とすると，

```
> y
```

```
        [,1]    [,2]
[1,]     1      2
[2,]     3      4
[3,]     5      6
```

と表示される。yは，3行2列の行列を意味する。行列xは，$(1,2)$, $(3,4)$, $(5,6)$という3つの行ベクトルを3つ縦に重ねた行列と考えることもできるし，$(1,3,5)$, $(2,4,6)$という2つの列ベクトルを2つ横に並べた行列と考えることもできる。統計学では，データは行列表現が多く，行が個人，列が変数に対応する。たとえば，上の行列yは，3人の個人の英語と数学の成績のようなデータに対応する。行和を計算すれば，各個人の総合得点になるし，列平均を計算すれば，各科目の平均となる。そして，行ベクトルは，各個人の2科目の成績であり，列ベクトルは，各科目の個人得点となっている。このように，統計学では，データが行列で表現されたり，ベクトルで表現されたりするので，行列やベクトルについて勉強することは重要である。ベクトルの要素数は，関数 length によって計算され，ベクトルの要素の総和は，関数 sum によって，平均は関数 mean によって，分散は関数 var によって計算される。

```
> x <- c(1, 2, 3, 4, 5)
> length(x)
[1] 5
> sum(x)
[1] 15
> mean(x)
[1] 3
> var(x)
[1] 2.5
```

同様に行列の次元は，関数 dim によって，各行の総和，各行の平均，各行の分散は，関数 apply によって，apply(y, 1, sum), apply(y, 1, mean), apply(y, 1, var) として計算され，各列の総和，各列の平均，各列の分散は，関数 apply によって，apply(y, 2, sum), apply(y, 2, mean), apply(y, 2, var) として計算される。

```
> y
        [,1]    [,2]
[1,]     1      2
[2,]     3      4
[3,]     5      6
> dim(y)
[1] 3 2
> apply(y, 1, sum)
[1] 3 7 11
> apply(y, 1, mean)
```

```
[1] 1.5 3.5 5.5
> apply(y, 1, var)
[1] 0.5 0.5 0.5
> apply(y, 2, sum)
[1] 9 12
> apply(y, 2, mean)
[1] 3 4
> apply(y, 2, var)
[1] 4 4
```

また，R言語では，ベクトルや行列の要素の一部を表すのに，[ ]を使用する．ベクトルxに関して，x[1]は，1番目の要素を意味し，x[3]は，3番目の要素を示す．x[c(1, 3, 5)]は，1,3,5番目の要素を意味する．このような使い方によって，ベクトルの一部を自由に取り出したり，変更したりできる．

```
> x <- c(2, 5, 3, 7, 4)
> x[1]
[1] 2
> x[3]
[1] 3
> x[c(1, 3, 5)]
[1] 2 3 4
```

同様に，行列yも [ ] によって一部を表現できる．y[1,]は，1行目の要素を，y[,1]は1列目の要素を，y[3, 2]は，3行2列目の要素を意味する．

```
> y
     [,1] [,2]
[1,]    1    2
[2,]    3    4
[3,]    5    6
> y[1,]
[1] 1 2
> y[,1]
[1] 1 3 5
> y[3, 2]
[1] 6
```

ベクトルや行列もスカラーと同じように加減乗除ができる．2つの列ベクトルをa, bとするとき，ベクトル$a + b$は，各ベクトルの対応する要素を足したベクトルとなる．このとき，ベクトルの要素数は，同じでなければならない．

```
> a <- c(1, 2, 3, 4)
> b <- c(6, 7, 8, 9)
> a+b
[1]  7  9 11 13
```

引き算の場合は，対応する要素を引くことによって得られる．

```
> a-b
[1] -5 -5 -5 -5
```

ベクトルの積は，$a \cdot b$で表され，行ベクトルaと列ベクトルbの対応する要素を掛けた値を意味する．ベクトルaのi番目の要素をa_i，ベクトルbのi番目の要素をb_iとすると，2つのベクトルの積は，$\sum_{i=1}^{n} a_i b_i$によって表される（ただし，nはベクトルの要素数を意味する）．これがベクトルの積で，ベクトルの内積とも呼ぶ．R言語では，ベクトルの積は，%*%によって行われる（ただし，nはベクトルの要素数を意味する）．$a \cdot b$と$b \cdot a$は，同じものではない．行ベクトル×列ベクトルでベクトルの積は定義されるので，列ベクトル×行ベクトルは，ベクトルの積ではない．

```
> a
[1] 1 2 3 4
> b
[1] 6 7 8 9
> a%*%b
     [,1]
[1,]   80
```

内積80は，1*6+2*7+3*8+4*9によって得られる．内積が0となると，2つのベクトルa，bは，直交していることを意味する．ベクトルの積を%*%を使用せずに*を使用すると，それは対応する要素の積を計算することを意味する．

```
> a*b
[1]  6 14 24 36
```

これを，ベクトルの積とは呼ばない．ベクトルの要素の積なので，間違えないようにする．同様に，a/bは，ベクトルの要素の割り算である．

```
> a/b
[1] 0.1666667 0.2857143 0.3750000 0.4444444
```

ベクトルの演算に割り算はない．

2つの行列をX，Yとしたとき，同じように加減乗除ができる．足し算に関しては，対応する要素を足し（$X_{ij} + Y_{ij}$），引き算の場合は，XからYの対応する要素を引くことになる（$X_{ij} -$

Y_{ij})．足し算，引き算ともに行列の次元が同じ必要がある．

```
> X
     [,1]  [,2]
[1,]    1     2
[2,]    3     4
[3,]    5     6
> Y <- matrix(c(7, 8, 9, 10, 11, 12), ncol=2, byrow=T)
> Y
     [,1]  [,2]
[1,]    7     8
[2,]    9    10
[3,]   11    12
> X+Y
     [,1]  [,2]
[1,]    8    10
[2,]   12    14
[3,]   16    18
> X-Y
     [,1]  [,2]
[1,]   -6    -6
[2,]   -6    -6
[3,]   -6    -6
```

行列の積は，ベクトルの積と同じである．2つの行列 X, Y の積は，X の行ベクトルと Y の列ベクトルの積で構成される．R言語では，%*% によって行列の積は計算される．よって，行ベクトルの要素数と列ベクトルの要素数が同じでないと行列の積は計算できない．

すなわち，最初（左）の行列の列数と次（右）の行列の行数が一致する必要がある．上で示された行列 X, Y は，ともに3行2列の行列であるので，2つの行列の積，X%*%Y も Y%*%X も計算できない．

一般に m 行 n 列の行列と n 行 ℓ 列の行列の場合，積が可能で，結果としてできる行列は，m 行 ℓ 列の行列となる．そして，行列の積は，掛ける順序を変えると，答えも変わるという性質がある．すなわち，$XY \neq YX$ となる．今，n 行 ℓ 列の行列を Z とすると，X との積は，以下のように m 行 ℓ 列の行列となる．

```
> Z <- matrix(c(7, 8, 9, 10), ncol=2, byrow=T)
> Z
     [,1]  [,2]
[1,]    7     8
[2,]    9    10
> X%*%Z
```

```
           [,1]    [,2]
    [1,]    25     28
    [2,]    57     64
    [3,]    89    100
```

2) 行列の種類

上の行列 Y は，3行2列の行列である．これを行列の次元と呼び，dim(Y) を実行すると，行列 Y の行数および列数を表示する．行列は，まず，行数と列数の大きさから，矩形行列（m 行 n 列の行列）と正方行列（n 行 n 列の行列）に分類される．また，行列は，それを形成する要素の性質から，転置行列，対角行列，単位行列，対称行列，逆行列，正則行列，特異行列，直交行列等に分類される．転置行列は，もとの行列を m 行 n 列の行列 X とすると，行と列が入れ替わった n 行 m 列の行列となる．それを X^{t} で表す．R 言語では，転置行列は，t(X) で作成される．

```
> X
       [,1]   [,2]
[1,]    1      2
[2,]    3      4
[3,]    5      6
> t(X)
       [,1]   [,2]   [,3]
[1,]    1      3      5
[2,]    2      4      6
```

対角行列は，行列の対角要素が0以外の数字で，非対角要素が0である行列を示し，D で表される．行列 X の i 行 j 列の要素を x_{ij} で表すと，対角行列 X は，$x_{ii} \neq 0$，$x_{ij} = 0$ となる．特に，対角要素がすべて1である対角行列を単位行列と呼ぶ．単位行列は，I または，E で表される．R 言語で対角行列を作成するには，要素がすべて0である正方行列を作成し，関数 diag を使用してその対角要素に0以外の数字を代入すればよい．

```
> D <- matrix(rep(0, 16), nrow=4, ncol=4)
> D
       [,1]   [,2]   [,3]   [,4]
[1,]    0      0      0      0
[2,]    0      0      0      0
[3,]    0      0      0      0
[4,]    0      0      0      0
> diag(D) <-c(1, 2, 3, 4)
> D
       [,1]   [,2]   [,3]   [,4]
[1,]    1      0      0      0
[2,]    0      2      0      0
```

```
[3,]     0     0     3     0
[4,]     0     0     0     4
```

　対称行列は，行列 X の要素が $x_{ij} = x_{ji}$ となる行列で，行列の i 行 j 列の要素と j 行 i 列の要素が等しい行列である．相関行列や距離行列は，対称行列の例である．逆行列は，行列 X にある行列を右からかけたとき，その積が単位行列になる行列を意味し，X^{-1} で表す．また，逆行列には，$X X^{-1} = X^{-1}X = I$ が成り立つ．すなわち，逆行列の場合は，右から掛けても左から掛けても単位行列になる．R 言語では，行列 X の逆行列 X^{-1} は，solve(X) で計算される．ただし，逆行列は，正方行列にのみ存在し，矩形行列には存在しない．以下に出力される e−15 は 10^{-5} を意味し，ほとんど 0 に等しい．e^{-15} の左の数字にこの数字を掛けることを意味する．同様に e+00 は，$10^0 = 1$ を意味する．

```
> Z
     [,1]  [,2]
[1,]    7     8
[2,]    9    10
> solve(Z)
     [,1]  [,2]
[1,] -5.0   4.0
[2,]  4.5  -3.5
> Z%*%solve(Z)
     [,1]         [,2]
[1,]    1  7.105427e-15
[2,]    0  1.000000e+00
> solve(Z)%*%Z
          [,1]              [,2]
[1,] 1.000000e+00      7.105427e-15
[2,] 7.105427e-15      1.000000e+00
```

　正方行列には，逆行列が存在する場合と存在しない場合がある．逆行列が存在する正方行列を正則行列と呼び，逆行列の存在しない正方行列を特異行列と呼ぶ．行列は，2 つ以上のベクトルから構成されるが，これらのベクトルの中には，それ以外のベクトルを定数倍あるいは合成することによって作成されるベクトルと，定数倍あるいは合成によって作成されないベクトルがある．他のベクトルを定数倍あるいは合成することによって作成されないベクトルを一次独立のベクトルと呼び，他のベクトルを定数倍あるいは合成することによって作成されるベクトルを一次従属のベクトルと呼ぶ．行列内に含まれる一次独立のベクトルの数を行列の階数（ランク）と呼び，ランクがその行列の次数に等しいとき，その行列には逆行列が存在し，ランクが行列の次数より小さいとき，逆行列は存在しないことになる．
　直交行列とは，その行列を構成する列ベクトルあるいは，行ベクトルが互いに直行する行列を意味する．よって，直交行列の場合は，その転置行列を左（あるいは右）から掛けると，その積は，対角行列となる．

3) 固有値と固有ベクトル

行列 A を n 次の正方行列，ベクトル x を n 次の列ベクトル，λ をスカラーとすると，

$$Ax = \lambda x$$

が成立するとき，λ を行列 A の固有値，ベクトル x を行列 A の固有ベクトルと呼ぶ。n 次の正方行列には，虚根，重根を含め，n 個の固有値が存在する。そして，各固有値に対して固有ベクトルが存在する。n 個の固有ベクトルを列ベクトルとする行列を X，固有値 λ を対角要素とする対角行列を Λ とすると，

$$AX = X\Lambda$$

が成り立つ。R 言語では，固有値および固有ベクトルは関数 eigen(A) によって計算される。得られた固有ベクトルは，正規固有ベクトルで，ベクトルの大きさが 1 に標準化されている。

```
> Z
     [,1] [,2]
[1,]    7    8
[2,]    9   10
> eigen(Z)
$values
[1] 17.116844 -0.116844

$vectors
           [,1]       [,2]
[1,] -0.6202659 -0.7471434
[2,] -0.7843916  0.6646629

> Z2
     [,1] [,2]
[1,]    7    9
[2,]    9   10
> eigen(Z2)
$values
[1] 17.6241438 -0.6241438

$vectors
          [,1]       [,2]
[1,] 0.6463749 -0.7630200
[2,] 0.7630200  0.6463749
```

固有値・固有ベクトルの性質として，
①対称行列の固有ベクトルは，互いに直交する，

②固有値の和は，もとの行列の対角要素の和に等しい，がある。

行列 Z_2 は，対称行列で，そのときの固有ベクトルは，互いに直交する。

3. Rでグラフィクス

1) 関数 plot

関数 plot は，散布図を描く関数で，

```
> x <- c(1, 2, 3, 4)
> y <- c(2, 4, 5, 8)
> plot(x, y)
```

によって，横軸を x，縦軸を y として点をプロットする。色の指定も可能である。

```
> plot(x, y, col="red")
```

は，赤でプロットする。また，プロットする点の種類も指定できる。プロットされる点の種類は，pch = "+" とすれば，＋を用いてプロットされる。また，pch = 1 のように数字で指定すると，その番号に対応する記号でプロットされる。

```
> plot(x, y, pch="+")
> plot(x, y, pch=1)
```

2) 関数 text

関数 text は，plot の際に各点を任意の記号に変えてプロットする。データ番号でプロットするならば，

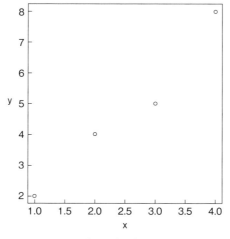

図1-1　関数 plot(x, y) による作図

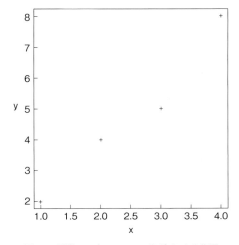

図 1-2　関数 plot(x, y, pch = "+") による作図

```
> x <- c(1, 2, 3, 4)
> y <- c(2, 4, 5, 8)
> plot(x, y, type="n")
> text(x, y, labels=1:4)
```

あるいは，

```
> text(x, y, labels=c("a", "b", "c", "d"))
```

とすれば，各データが順に a，b，c，d でプロットされる．日本語のプロットも可能である．関数 text を実行するまえには，必ず，関数 plot で座標軸を設定する必要がある．

　plot(x, y, type="n") は，座標軸のみを描く．

3) 関数 points

　関数 plot ですでに作成されている散布図の上にさらに点を追加プロットするときに関数 points

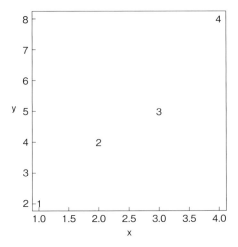

図 1-3　関数 text(x, y, labels = 1:4) による作図

を使用する．points(1, 3, pch="*") は，点 (1, 3) に * を追加プロットする．

4）関数 abline

関数 abline は，直線を描く関数で，引数は，切片 a と傾き b である．関数 abline(a, b) によって切片 a，傾き b の直線を描く．回帰直線を描くときなどにも使用する．

```
> abline(0, 1)
```

は，原点を通る，傾き 1 の直線を描く．

```
> plot(x, y)
> abline(lsfit(x, y)$coef)
```

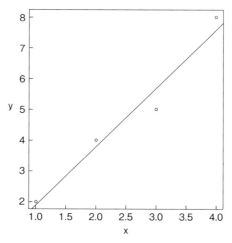

図 1-4　関数 abline によって描かれた回帰直線

5）関数 par

関数 par は，図を作成するときのパラメータ指定の関数である．そのなかでも

```
> par(mfrow=c(2, 2))
```

は，画面を 4 分割するパラメータである．

```
> par(mfrow=c(1, 1)
```

によって，もとの 1 分割画面にもどすことができる．

4. Rで独自プログラミング

1) 関数 for

　関数 for は，繰り返し計算するときや，繰り返し判断をするときに必要な関数である。関数 apply と似た機能であるが，後に述べる if と組み合わせて使用するような場合に有効である。たとえば，オブジェクト x に 1 から n 個のデータが保存されているとき，

```
sumx <- 0
for(i in 1:n)
{
sumx <- sumx+x[i]
}
```

というプログラムは，{　}の中の命令を i が 1 から n まで繰り返すことを意味する。
sumx <- sumx+x[i] は，sumx+x[i] の値を新しく sumx にしなさいという命令である。sumx は，はじめに sumx <- 0 として，for 文の前で定義されているので，i が 1 のときは，sumx <- 0+x[1] となり，新しい sumx は x[1] に等しくなる。そして，i が 2 のとき，sumx <- sumx +x[2] となるが，すでに sumx には，x[1] の値が入っているので，sumx <- x[1]+x[2] となる。これを i が n になるまで繰り返すと，最終的に

```
sumx <- x[1]+x[2]+ … +x[n]
```

となり，sumx は，x の総和を意味することになる。同様にして，

```
sumx <- 0
for(i in 1:n){
    sumx <- sumx+x[i]^2
}
```

は，x の 2 乗和を計算することになる。また，

```
sumx <- 0
m <- mean(x)
for(i in 1:n){
    sumx <- sumx+(x[i]-m)^2
}
```

は，x の平均からの偏差平方和を計算することになる。また，x が行列のときには，

```
sumr <- 0
sumj <- 0
for(i in 1:n1){
    for(j in 1:n2){
        sumr <- sumr+x[i, j]
        sumc <- sumc+x[i, j]
    }
}
```

というように，for を繰り返して使用する．

2) 関数 if

関数 if は，何らかの判断を行い，その結果，ある処理を行うときに使用する．たとえば，

```
if(pvalue < 0.025) print("significant")
```

という命令は，pvalue が 0.025 よりも小さければ，significant とプリントしなさいということを意味する．if 文と for 文を使用して，

```
pn <- 0
for(i in 1:n){
    if(x[i] > 0) pn <- pn+1
}
```

という命令は，x[i] が 0 より大きいと，pn <- pn+1 が実行されるので，最終的な pn は，0 より大きい x の個数を算出することになる．

3) 関数 function

関数 function は，自分独自の関数を作成するときに必要である．たとえば，

```
sumx <- functuon(x)
{
sum1 <- 0
    for(i in 1:n){
        sum1 <- sum1+x[i]
    }
}
```

は，sumx という総和を計算する関数を作成する場合を示す．

```
sumx <- function(x)
```

```
{
}
```

の形式で，{ } 内に関数を定義する式を記述してゆく．そして，

```
sumx(x)
```

を実行すると，x の総和が出力される．

4) 関数 array

関数 array は，3次元以上の配列を作成するときに使用する．たとえば，y <- array(x, c(2, 3, 4)) は，ベクトル形式のデータ x を第1次元が2，第2次元が3，第3次元が4の大きさの配列 y を作成する．apply を利用して，各次元ごとの総和，平均，分散等を計算することができる．

たとえば，apply(y, c(1, 2), sum) は，第3次元の総和を計算し，apply(y, c(1, 3), mean) は，第2次元の平均を計算する．さらに，aperm を使用して，次元の入れ替えも可能である．たとえば，aperm(y, c(2, 1, 3)) は，もとの第2次元を新しく第1次元に，もとの第1次元を新しく第2次元に入れ替える．

5. システム関数

しばしば使用されるシステム関数として以下のようなシステム関数があげられる．

<-　　　　付値演算子．たとえば，a <- c(1, 2, 3) は，数値1, 2, 3 を a に代入することを意味する．

+　　　　スカラー，ベクトル，行列の足し算のための演算子．たとえば，a + b は，a, b の対応する要素の足し算を行う．
〈実行例〉
a <- c(1, 2, 3)
b <- c(4, 5, 6)
out <- a+b
print(out)

−　　　　スカラー，ベクトル，行列の引き算のための演算子．たとえば，a−b は，a, b の対応する要素の引き算を行う．
〈実行例〉
a <- c(1, 2, 3)
b <- c(4, 5, 6)
out <- a−b
print(out)

*　　　　スカラーの掛け算のための演算子．ベクトルや行列に使用すると，対応する要素の積を計算する．たとえば，a*b は，a, b の対応する要素の掛け算を行う．
〈実行例〉
a <- c(1, 2, 3)

	b <- c(4, 5, 6)
	out <- a*b
	print(out)
/	スカラーの割り算のための演算子。ベクトルや行列に使用すると，対応する要素の割り算を計算する。たとえば，a/bは，a, bの対応する要素の割り算を行う。
	〈実行例〉
	a <- c(1, 2, 3)
	b <- c(4, 5, 6)
	out <- a/b
	print(out)
^	スカラー，ベクトル，行列のべき乗計算のための演算子。ベクトルや行列に使用すると，対応する要素の割り算を計算する。たとえば，2^3は，2の3乗を計算し，a^bは，aの各要素をb乗する。
	〈実行例〉
	a <- c(1, 2, 3)
	b <- 2
	out <- a^b
	print(out)
%*%	行列の積の演算子。A%*%Bは，行列Bを行列Aの右から掛けることを意味する。
	〈実行例〉
	A <- matrix(c(1, 2, 3, 4), ncol=2, byrow=T)
	B <- matrix(c(5, 6, 7, 8), ncol=2, byrow=T)
	out <- A%*%B
	print(out)
[ ]	要素抽出演算子。たとえば，y <- x[2, 3]は，xの第2行3列の値をyに代入することを意味し，x[2, 3] <- 5は，xの第2行3列に5を代入することを意味する。またx[1,]は行列xの1行目の要素を取り出し，x[, 1]は行列xの1列目の要素を取り出す。さらに，x[row(x)>col(x)]は行列xの下三角行形を取り出す。
( )	式評価の優先順位。たとえば，a*(b + c)は，$b + c$を計算してから，その結果にaをかけることを意味し，(a + b)*(c + d)は，$a + b$と$c + d$を先に計算してからそれらを掛けることを意味する。
{ }	複合式の構成。たとえば，if(x> 0) {y1 <- x^2;y2 <- x^3}は，{ }内の2つの式がif文の対象となる複合式であることを意味する。{ }を，{a + b}*{c + d}のように( )の代わりとしては使用できない。
:	等差数列の生成。たとえば，c(1:10)は，1から10までの整数を生成する。
>	大小比較演算子。たとえば，y <- x[x>5]は，xの要素のうち，5より大きい値をすべてyに代入することを意味し，if(x2>5) y <-2 *x2は，x_2が5より大きければ，それを2倍した値をyに代入することを意味する。ただし，x_2はスカラーとする。
<	大小比較演算子。たとえば，y <- x[x<5]は，xの要素のうち，5より小さい値

	をすべて y に代入することを意味し，if(x2<5) y <- 2*x2 は，x_2 が 5 より小さければ，それを 2 倍した値を y に代入することを意味する．ただし，x_2 はスカラーとする．
==	等号演算子．たとえば，x[x==0] <- 5 は，x の要素のうち，x の値が 0 の要素すべてに 5 を代入することを意味する．また，z <- x[y==1] は，x と y が対応したオブジェクトとして定義されているときに，$y=1$ に対応する x の要素のみを z に代入することを意味する．
>=	等号付き大小比較演算子．たとえば，y <- x[x>=5] は，x の要素のうち，値が 5 以上の要素を y に代入する．
!=	非等号演算子で，等しくないことを示す．たとえば，y <- x[x!=3] は，x の要素のうち，x の値が 3 でない要素を y に代入する．
|	要素抽出演算子 [ ] の中で使用する論理和演算子で，「または (or)」を意味する．たとえば，y <- x[x>5 | x <- 5]　x の要素のうちで，x の値が 5 より大きい要素または，−5 より小さい要素を y に代入する．
<=	等号付き大小比較演算子．たとえば，y <- x[x<=5] は，x の要素のうち，x の値が 5 以下の要素を y に代入する．
&	要素抽出演算子 [ ] の中で使用する論理積演算子で，「かつ (and)」を意味する．たとえば，y <- x[x>3 & x<10] は，x の要素のうち，x の値が 3 より大きく，かつ，10 より小さい要素を y に代入する．
&&	If 文の中で使用する論理積演算子で，「かつ (and)」を意味する．たとえば，for (i in 1:10) if(x[i]>0 && y[i]>0) print(i) は，x[i] および y[i] がともに 0 より大きければ，i の値を印刷する．
||	If 文の中で使用する論理和演算子で，「かつ (and)」を意味する．たとえば，for (i in 1:10) if(x[i]>0 || y[i]>0) print(i) は，x[i] または y[i] が 0 より大きければ，i の値を印刷する．
$	名前による要素抽出．出力の取り出し．たとえば，lsfit(x, y)$coef は，関数 lsfit の出力のうち，coef の値を取り出す．
#	注釈を意味し，この後に書かれた命令は実行されない．コメントを書くために使用．
;	式の区切り．1 行に 2 つ以上の式を書くときには，; で式を区切る． x <- c(1, 2, 3);y <- c(2, 4, 6)
"	文字列の開始および終了．たとえば，name <- c("a", "b") は，文字 a, b を name に代入する．
abline	直線を描く．たとえば，abline(0, 1) は，原点を通る，傾きが 1 の直線を描く．引数は，順に切片と傾きを意味する． abline(lsfit(x, y)$coef) は，回帰直線を描く． 〈実行例〉 x <- c(1, 2, 3) y <- c(2, 5, 4) plot(x, y) abline(lsfit(x, y)$coef)

abs	絶対値を算出する。たとえば，abs(-2) は，2 となり，abs(x) は，x の要素をすべて正値にする。
acos	逆余弦関数。たとえば，acos(x) は，x の逆余弦を計算する。
apply	行列の行や列の平均，分散，総和等を計算する。 apply(x, 1, sum) は，行列 x の各行和を計算し，apply(x, 2, mean) は，各列の平均を計算する。x が配列の場合であれば，apply(x, c(2, 3), mean) とすれば，x_{ijk} の各 jk 要素の平均を計算する。 〈実行例〉 x <- matrix(c(1, 2, 3, 4, 5, 6), ncol＝3, byrow＝T) print(x) rsum <- apply(x, 1, sum) print(rsum) csum <- apply(x, 2, sum) print(csum)
array	配列の作成。たとえば，array(x, c(2, 3, 4)) は，x を第 1 次元の大きさが 2，第 2 次元の大きさが 3，第 3 次元の大きさが 4 である 3 次元配列にする。 x <- c(1, 2, 3, 4, 5, 6, 7, 8, 9, 10, 11, 12) y <- array(x, c(2, 2, 3)) print(y)
asin	逆正弦関数。たとえば，asin(x) は，x の逆正弦を計算する。
atan	逆正接関数。たとえば，atan(x) は，x の逆正接を計算する。
c	オブジェクトの結合。x <- c(1, 3, 6) は，1, 3, 6 の数値からなるオブジェクト x の作成。x <- c("a", "b") とすると，文字からなるオブジェクト x を作成する。また，z <- c(x, y) は，x, y を結合して，オブジェクト z を作る。 〈実行例〉 x <- c(1, 2, 3) y <- c(4, 5, 6) z <- c(x, y) print(z)
cbind	列ベクトルの結合による行列の作成。たとえば，cbind(x, y) は，2 つの列ベクトル x, y をもとに 2 列の行列を作成する。ただし，列ベクトル x, y の要素数は等しくなければならない。 〈実行例〉 x <- c(1, 2, 3) y <- c(4, 5, 6) z <- cbind(x, y) print(z)
cor	2 変数間の相関係数を計算する。cor(x, y) は，2 変数 x, y の積率相関係数を計算する。cor(A) は，行列 A の列変数の変数間相関行列を計算する。 〈実行例〉 x <- c(1, 2, 3)

	y <- c(2, 5, 4) r <- cor(x, y) print(r)
cos	余弦関数。たとえば，cos(x) は，角度 x の余弦を計算する。ただし，x はラジアンで表す。
cov	2変数あるいは多変数間の共分散を計算する。cov(x, y) は，2変数 x, y の共分散を計算する。 〈実行例〉 x <- c(1, 2, 4) y <- c(2, 5, 7) sxy <- cov(x, y) print(sxy)
data.frame	データフレームの作成。data.frame(a0=x1, a1=x2) は，変数 x_1, x_2 を列とするデータフレームを作成する。a_0, a_1 は，表示される変数名。
dchisq	χ^2 分布の確率密度の計算。dchisq(x, df) は，横座標値が x, 自由度 df のときの，χ^2 分布の確率密度（縦座標値）を計算する。
det	行列式の計算。たとえば，det(A) は，行列 A の行列式を計算する。ただし，行列 A は，正方行列である。
df	F 分布の確率密度の計算。df(f, df1, df2) は，横座標値が f, 分子および分母の自由度が順に df_1, df_2 のときの，F 分布の確率密度（縦座標値）を計算する。
diag	行列の対角要素を出力する。たとえば，diag(A) は，行列 A の対角要素を返す。
dim	行列の次元。たとえば，dim(A) は，行列 A の次元を計算する。
dnorm	正規分布の確率密度を計算。dnorm(x, m, s) は，横座標値が x のときの，平均 m, 標準偏差 s の正規分布の確率密度（縦座標値）を計算する。
dt	t 分布の確率密度の計算。dt(x, df) は，横座標値が x, 自由度 df のときの，t 分布の確率密度（縦座標値）を計算する。
eigen	行列の固有値，固有ベクトルの計算。たとえば，eigen(A) は，行列 A の固有値および固有ベクトルを計算する。出力の $values は，固有値を表し，$vectors は，固有ベクトルを列ベクトルとする行列である。各固有ベクトルは正規化されている。 〈実行例〉 A <- matrix(c(1, 2, 3, 4), ncol=2, byrow=T) out <- eigen(A) print(out)
exp	指数関数。たとえば，exp(x) は，e^x を計算する。
hist	ヒストグラムの作成。たとえば，hist(x) のヒストグラムを作成する。 〈実行例〉 x <- c(1, 2, 3, 2, 2, 2, 3, 3, 4, 4, 5) hist(x)
length	オブジェクトの要素数を数える。たとえば，length(x) は，オブジェクト x の要素数を計算する。

	〈実行例〉
	x <- c(1, 2, 3, 4, 5, 6)
	out <- length(x)
	print(out)
library	ライブラリーの呼び出し。
	library(mva) は，多変量解析のライブラリーを呼び出す。
lines	2点を通る直線を描く。
	lines(x, y) は，2点の x 座標を x に，y 座標を y に指定する。
	〈実行例〉
	x <- c(1, 2, 3)
	y <- c(2, 5, 4)
	lines(x, y)
locator	plot(c(1:10), c(1:10), type="n")
	locator(2) とすると，クリックした2地点の座標値を計算する。
log	自然対数の計算。たとえば，log(x) は，x の自然対数を計算する。
	ただし，$x>0$ である。
log10	常用対数の計算。たとえば，log(x) は，x の常用対数を計算する。
	ただし，$x>0$ である。
ls	オブジェクトのリストアップ。objects( ) と同じ。ls( )
lsfit	回帰分析を行う。
	lsfit(x, y) は，x を説明変数，y を被説明変数とする線形回帰分析を行う。
	lsfit(x, y)$coef は，回帰係数のみを出力する。
	〈実行例〉
	x <- c(1, 2, 3)
	y <- c(2, 5, 4)
	lsfit(x, y)$coef
matrix	行列の作成。
	たとえば，matrix(x, ncol=5, byrow=TRUE) とすると，ベクトル **x** が，5列の行列となる。byrow=TRUE によって，ベクトル **x** の要素は，ncol で指定される数（上の例の場合5個）を単位として行列の行の要素となる。byrow=FALSE によって，ベクトル **x** の要素は，ncol で指定される数をもとに自動的に計算された行数を単位として行列の列の要素となる。matrix(x, nrow=5, byrow=FALSE) のように，ncol の代わりに nrow を指定することもできる。この場合，ベクトル **x** の要素は，nrow で指定された行数を単位として行列の列の要素となる。
	〈実行例〉
	x <- c(1, 2, 3, 4, 5, 6, 7, 8, 9, 10)
	y1 <- matrix(x, ncol=5, byrow=TRUE)
	print(y1)
	x <- c(1, 2, 3, 4, 5, 6, 7, 8, 9, 10)
	y2 <- matrix(x, ncol=5, byrow=FALSE)
	print(y2)

max	最大値を算出。たとえば，max(x) は，ベクトル *x* の要素の最大値を計算する。 〈実行例〉 x <- c(1, 4, 3, 4, 5, 8, 9, 3) y <- max(x) print(y)
mean	平均を計算。たとえば，mean(x) は，ベクトル *x* の要素の平均を計算する。 〈実行例〉 x <- c(1, 2, 3, 4, 4, 4, 7, 8, 9, 9) mx <- mean(x) print(mx)
mean.default	欠損値があるときの平均を計算する。欠損値を NA としたとき，na.rm＝TRUE とすると，欠損値を除いて平均を計算する。 〈実行例〉 x <- c(1, 2, 3, NA, 4, 4, NA, 8, 9, 9) mx <- mean.default(x, na.rm＝TRUE) print(mx)
median	メディアンを計算。たとえば，median(x) は，*x* の要素のメディアンを計算する。
min	最小値を算出。min(x)
ncol	行列の列数を算出。ncol(x)
nrow	行列の行数を算出。nrow(x)
objects	オブジェクトをリストアップする。objects( ) とすると，現行のオブジェクトをリストアップする。objects(pat="x*") とすると，*x* で始まるオブジェクトのみをリストアップする。
par	グラフィックスにおけるパラメータの定義。 par(pch="+", pty="s", col=2, cex=0.5, lwd=2, lty=2, mfrow=c(2, 2)) pch は，点をプロットするときの用いる文字等の指定。pch="+" ならば，+ を使用して点をプロットする。pty は，"s" ならば図形領域が正方形となる。col は，色番号の指定。cex は，文字の拡大率の指定。lwd は，線の幅の指定。lty は，線分の形式。実線，点線，破線などが選べる。mfrow は，グラフィックス画面の分割。mfrow＝c(2, 2) は画面を4分割する。
pchisq	χ^2 分布の下側確率を算出。pchisq(x, df) は，横座標値 *x*，自由度 df のときの χ^2 分布の下側確率（面積）を計算する。
pf	F 分布の下側確率を算出。pf(f, df1, df2) は，横座標値 *f*，自由度 df_1，df_2 のときの F 分布の下側確率（面積）を計算する。
plot	*xy* 散布図のプロット。plot(x, y) を実行すると，*x* を横軸，*y* を縦軸とする散布図をプロットする。plot(x, y, type="l") とすると，プロットした点を線でつなぐ。plot(x, y, type="b") とすると，点と線でプロットする。また，plot(x, y, type="n") とすると，座標軸のみ作成する。plot(x, y, type="n") は，text を実行する前に使用したり，座標軸の範囲を前もって指定したりするときに使用する。 〈実行例〉 x <- c(1, 2, 3)

	y <- c(2, 5, 4)
	plot(x, y)
pnorm	正規分布の下側確率を算出。pnorm(x, m, s) は横座標値 x のときの，平均 m，標準偏差 s の正規分布の下側確率を計算する。
points	プロットする点の追加。points(x, y) によって，x，y で指定された地点に点をプロットする。points(x, y, pch="a") とすることによって，文字 a を用いてプロットが可能。pch=" " の " " にプロットしたい文字を指定する。また，pch=2 のように " " で囲まずに数字を定義すると，各数字に対応した絵文字を用いてプロットが可能。 〈実行例〉 x <- c(1, 2, 3) y <- c(2, 5, 4) plot(x, y, type="n") points(x, y, pch="a")
print	指定されたオブジェクトの印刷。print(x) によって x に格納された値を印刷する。また，print("x") のように " " で囲むと，" " で囲まれた内容を " " つきで "x" のように印刷する。print.noquote("x") によって，" " をつけずに，x と印刷する。
pt	t 分布の下側確率を算出。たとえば，pt(x, df) は，横座標値 x，自由度 df のときの t 分布の下側確率（面積）を計算する。
qchisq	χ^2 分布の横座標値を算出。たとえば，qchisq(p, df) は，下側確率 p，自由度 df のときの，χ^2 分布の横座標値を返す。
qf	F 分布の横座標値を算出。たとえば，qf(p, df1, df2) は，下側確率 p，自由度が df_1，df_2 の F 分布の横座標値を返す。
qnorm	正規分布の横座標値を算出。たとえば，qnorm(p, m, s) は，下側確率 p のときの，平均 m，標準偏差 s の正規分布の横座標値を計算する。
qt	t 分布の横座標値の計算。たとえば，qt(p, df) は，下側確率 p，自由度 df のときの，t 分布の横座標値を計算する。
qtukey	スチューデント化された範囲の臨界値の計算。たとえば，qtukey(p, m, df) は，下側確率 p，ステップ数 m，自由度 df のときのスチューデント化された範囲の臨界値を計算する。有意水準を 5 % とするときは，$p = 0.95$ とする。
range	レンジを算出。たとえば，range(x) とすると，x の要素の最小値と最大値を計算する。
rank	順位の計算。たとえば，rank(x, "average") とすると，x の要素の平均順位を計算する。
rbind	行ベクトルの結合による行列の作成。たとえば，rbind(x, y) は，2 つの行ベクトル $\boldsymbol{x}$，$\boldsymbol{y}$ をもとに 2 行の行列を作成する。ただし，行ベクトル $\boldsymbol{x}$，$\boldsymbol{y}$ の要素数は等しくなければならない。
read.table	エクセルワークシートから out1 という名前のデータファイルを読み込む場合。とくに，行名，列名を指定していなければ， x <- read.table(file="out1.xls") とすればよい。行には，名前がなく，列名に a，b，c，d，e のような名前がついているときは，

	x <- read.table(file="out1.xls", header=T, row.names=NULL, col.names=c("a", "b", "c", "d", "e"), quote="", sep="¥t") のようにする。
rep	繰り返し。たとえば，rep(3, 5) は，3 を 5 回繰り返し，rep(c(1, 3), 5) は，1，3 を 5 回繰り返す。
rev	ベクトルの要素を大きい順に並べる。sort の逆の作用。sort を参照。
rf	F 分布からの乱数の発生。たとえば，rf(n, df1, df2) で，自由度 df_1, df_2 の F 分布から n 個の乱数を発生する。
rm	オブジェクトの削除。たとえば，rm("x") は，オブジェクト x を削除する。
round	四捨五入。たとえば，round(x, n) は，x の要素すべてを小数第 $n+1$ 位を四捨五入して，小数第 n 位までの数値を計算する。
rt	t 分布からの乱数の発生。たとえば，rt(n, df) は，自由度 df の t 分布から n 個の乱数を発生する。
scan	データをファイルから読み込む場合の関数。scan("data.txt") は，data という名前のデータファイルから数値を読み込む場合。scan("data2.txt", what=character(0)) は，data2 という名前のデータファイルから文字を読み込む場合。データファイルはテキストファイルを使用して作成する。
sd	標準偏差の計算。不偏分散 var の平方根。たとえば，sd(x) は，x の要素の標準偏差を計算する。
sin	正弦関数。たとえば，sin(x) は，角度 x の正弦を計算する。ただし，角度は，ラジアンで表す。
solve	逆行列の計算。たとえば，solve(A) は行列 A の逆行列を計算する。ただし，行列 A は正方行列とする。逆行列が存在しないときは， Error in solve.default(A): Lapack routine dgesv: system is exactly singular というエラーメッセージが表示される。 〈実行例〉 A <- matrix(c(1, 2, 3, 4), ncol=2, byrow=T) out <- solve(A) print(out)
sort	データのソートを行う。たとえば，sort(x) は，x の要素を小さい順に並べる。rev の逆の作用。rev も参照。 〈実行例〉 x <- c(1, 2, 8, 8, 4, 4, 7, 8, 9, 9) out <- sort(x) print(out)
sort.list	データをソートした際に変化したデータ番号の表示。 〈実行例〉 x <- c(1, 2, 8, 8, 4, 4, 7, 8, 9, 9) out <- sort.list(x) print(out)
source	プログラムファイルの呼び出し。たとえば，sourc ("C:/Documents and Settings/watanabe/My Documents / prog1-pfa.txt") は，

	My Documents の下にある prog1-pfa.txt という名前のプログラムファイルを呼び出し，実行する。
sqrt	平方根の計算。たとえば，sqrt(x) は x の要素の平方根を計算する。
	〈実行例〉
	x <- c(1, 2, 3, 4)
	out <- sqrt(x)
	print(out)
sum	総和の計算。たとえば，sum(x) は x の要素の総和を計算する。
	〈実行例〉
	x <- c(1, 2, 3, 4)
	out <- sum(x)
	print(out)
t	行列の転置。たとえば，t(A) は，行列 A を転置する。
	〈実行例〉
	A <- matrix(c(1, 2, 3, 4), ncol=2, byrow=T)
	print(A)
	out <- t(A)
	print(out)
table	度数計算および分割表の作成。たとえば，table(x) は，x の各要素の個数を計算し，table(x, y) は，クロス集計を行う。
	〈実行例〉
	x <- c(1, 1, 2, 2, 4, 4, 4, 3, 3)
	y <- c(1, 1, 3, 3, 2, 2, 4, 4, 4)
	out1 <- table(x)
	print(out1)
	out2 <- table(x, y)
	print(out2)
tan	正接関数。たとえば，tan(x) は，角度 x の要素の正接を計算する。ただし，角度はラジアンで表す。
text	点のプロットをデータ番号を用いて行う。たとえば，plot(x, y, type="n");text(x, y) は，plot(x, y, type="n") で座標軸を設定後，x と y の散布図をデータ番号でプロットする。text(x, y, id) とすると，id で定義された名前でプロットする。
	〈実行例 1〉
	x <- c(1, 2, 3)
	y <- c(2, 5, 4)
	plot(x, y, type="n")
	text(x, y)
	〈実行例 2〉
	x <- c(1, 2, 3)
	y <- c(2, 5, 4)
	plot(x, y, type="n")

	id <- c("A", "B", "C")
	text(x, y, id)
var	不偏分散を計算する．na.rm＝TRUE とすると，欠損値 (NA) を除いて不偏分散を計算する．たとえば，var(x) は，x の要素の不偏分散を計算し，var(x, na.rm＝TRUE) は，x の要素の欠損値を除いてから，不偏分散を計算する．また，x が行列のとき，列間の分散共分散を計算する． 〈実行例〉 x <- c(1, 2, 3, 3, 5, 5, 4, 4, 4, 4, 2, 2) out1 <- var(x) print(out1) y <- matrix(x, ncol＝3, byrow＝T) out2 <- var(y) print(out2)
write	出力をテキストファイルに行う．たとえば，write(x, file＝"out1", ncolumns＝5, append＝TRUE) は，x の要素を out1 という名前のテキストファイルに，列数を 5 として出力する．append＝TRUE の場合は，再び，out1 に出力することになったとき，前の結果の後ろに追加出力する．append＝FALSE の場合は，追加出力せずに，前の出力は削除される．また，x が行列の場合は，行列が転置して出力される．そのときは，write(t(x), file＝"out1", ncolumns＝5, append＝TRUE) とすると，x がそのまま転置されずに出力される．
write.table	出力をエクセルワークシートに行う．たとえば，write.table(x, file＝"out1.xls", quote＝F, sep＝"¥t") は，x の要素を out1 というエクセルファイルに出力する．quote＝F は，文字を出力の際に文字を " " で囲まないことを意味し，sep＝"¥t" は，出力に tab を使用することを意味する． write.table(x, file＝"dist.xls", row.names＝F, col.names＝F, append＝T, quote＝F, sep＝"¥t") は，x の要素を dist というエクセルファイルに出力する．row.names＝F, col.names＝F は，行および列の名前を出力しないことを意味し，quote＝F は，文字を出力の際に文字を " " で囲まないことを意味する．また，append＝T は，再び dist.xls に出力するときに，前の出力の後ろに新しい出力を追加することを意味し，sep＝"¥t" は，出力に tab を使用することを意味する．append＝F とすると，新しい出力の際に，以前の出力は削除される．

2 Rで重回帰分析

1. 単回帰分析

1) 単回帰分析の考え方

重回帰分析を始める前に，まず単回帰分析について考えてみよう。回帰分析は，まず，それが線形か非線形かによって，線形回帰分析と非線形回帰分析に分類される。そして，線形回帰分析は，さらに，線形単回帰分析と線形重回帰分析に分類される。線形単回帰分析の場合，説明変数（独立変数）xと被説明変数（従属変数）yとは，

$$y_i = a + bx_i + e_i = Y_i + e_i \tag{2-1}$$

によって表される。y_iは個人iの被説明変数yの値，x_iは個人iの説明変数xの値，e_iは個人iの誤差を表す。

図2-1中の直線は理論直線を示し，

$$Y = a + bx \tag{2-2}$$

で表される。Yは，予測値あるいは，理論値を表す。式中のパラメータaは定数，bは回帰係数である。式2-2は単回帰式と呼ばれ，個人iの説明変数xの値x_iがわかれば，その予測値Y_iが，式2-2によって算出される。たとえば，身長から体重を予測する場合であれば，Yは体重の予測値，xは身長の値ということになる。式2-2は，2つのパラメータa, bを含むので，これが決まれば予測が可能となる。

線形単回帰分析では，誤差e_iの2乗和である$\sum_{i=1}^{n} e_i^2$が最小になるようにしてa, bは推定され

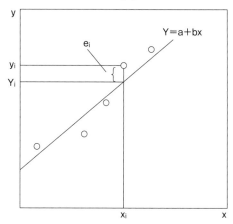

図2-1　yをxから予測する場合の回帰式

る。

$Q = \sum_{i=1}^{n} e_i^2 = \sum_{i=1}^{n}(y_i - Y_i)^2 = \sum_{i=1}^{n}(y_i - (a + bx_i))^2$ とすると，Q は，a と b を変数とする関数となるので，最小となる Q を求めるには，Q を a, b に関してそれぞれ偏微分してそれらを 0 とおき，解けばよいことになる。すなわち，

$$Q = \sum_{i=1}^{n} e_i^2 = \sum_{i=1}^{n}(y_i - Y_i)^2 = \sum_{i=1}^{n}\{y_i - (a + bx_i)\}^2$$
$$= \sum_{i=1}^{n}(y_i^2 - 2bx_iy_i - 2ay_i + b^2x_i^2 + 2abx_i + a^2) \tag{2-3}$$

$$\partial Q/\partial a = \sum_{i=1}^{n}(-2y_i + 2bx_i + 2a) = 0 \tag{2-4}$$

$$\partial Q/\partial b = \sum_{i=1}^{n}(-2x_iy_i + 2bx_i^2 + 2ax_i) = 0 \tag{2-5}$$

これを解いて，

$$a = \left(\sum_{i=1}^{n} y_i - b\sum_{i=1}^{n} x_i\right)/n = \overline{y} - b\overline{x} \tag{2-6}$$

$$b = \left(\sum_{i=1}^{n} x_iy_i - a\sum_{i=1}^{n} x_i\right)/\sum_{i=1}^{n} x_i^2 = s_{xy}/s_x^2 \tag{2-7}$$

となる。

これより，回帰係数 b は，x と y の共分散 s_{xy} を x の分散 s_x^2 で割った値であることがわかる。そして，定数 a は，y の平均から x の平均を b 倍した値を引いた値となる。

よって，x と y が，平均 0，分散 1 に標準化されていれば，偏回帰係数 b は x と y の相関係数に等しくなり（$b = r_{xy}$），定数 a は 0 となる。

単回帰式の当てはまりのよさを示す説明率は，

説明率＝ Y の分散/y の分散

によって表され，これは x と y の相関係数の 2 乗に等しい。よって，相関が高いほど，単回帰式の予測はよいことになる。

R 言語では，回帰分析は，関数 lsfit を使用する。以下に例を示す。

```
> x <- c(1, 2, 3, 4, 5)
> y <- c(1, 3, 5, 4, 4)
> lsfit(x, y)$coef
 Intercept        X
       1.3      0.7
> out1 <- lsfit(x, y)$coef
> Y <- 1.3+0.7*x
> Y
[1] 2.0 2.7 3.4 4.1 4.8
> var(Y)/var(y)
```

```
   [1] 0.5326087
> cor(x, y)^2
   [1] 0.5326087
> plot(x, y)
> abline(lsfit(x, y)$coef)
```

上述の計算において，lsfit(x, y)$coef は，$x$ を説明変数，y を被説明変数とし，$coef を付加することによって，定数項と回帰係数のみを出力する。$a = 1.3$，$b = 0.7$ に対応する。

$Y = 1.3 + 0.7*x$ は回帰式を意味し，これによって予測値 Y が計算される。もしも a，b が小数第 6 位以上の割り切れない値の時は，

```
>Y<-out1[1] + out1[2]*x
```

のように Y を定義する方が正確な Y の値が得られる。次の var(Y)/var(y) は説明率の計算である。これは，x と y の相関係数の 2 乗（cor(x, y)^2）に等しくなる。plot(x, y) によって散布図が作成され，abline(lsfit(x, y)$coef) によって回帰直線が描かれる。

2）相関と相関に関する検定

相関とは，2つの変数間の関連性を表し，一方の変数の値が増加するとき，それにつれて他方の変数の値も増加する場合を正の相関，他方の変数の値が，逆に減少する場合を負の相関，2つの変数間になんら関連性がない場合を無相関と呼ぶ。回帰分析において線形回帰分析，非線形回帰分析が存在するように，相関の場合も線形相関，非線形相関が存在する。一方の変数の値が増加あるいは減少するときに，他方の変数の値が線形的に増加あるいは減少，すなわち，直線に沿って増加あるいは減少するとき，線形相関と呼ぶ。これに対して 2 次曲線に沿って増加あるいは減少するように非線形的に増加あるいは減少する場合を非線形相関と呼ぶ。相関の程度を表す指標として，相関係数が存在し，線形相関係数であれば，ピアソンの積率相関係数 (r) がしばしば使用される。ピアソンの積率相関係数は，

$$r = \frac{\frac{1}{n}\sum_{i=1}^{n}(x_i - \bar{x})(y_i - \bar{y})}{\sqrt{\frac{1}{n}\sum_{i=1}^{n}(x_i - \bar{x})^2}\sqrt{\frac{1}{n}\sum_{i=1}^{n}(y_i - \bar{y})^2}} \tag{2-8}$$

によって表され，$-1 \leq r \leq 1$ であり，正の相関の場合は，$r > 0$，負の相関であれば，$r < 0$，無相関であれば，$r = 0$ となる。回帰分析では，説明率の計算等において，ピアソンの積率相関係数が使用されているので，ここで示した線形性が成立しているかどうかを確認することは重要である。

それから，相関に関する検定として，無相関検定がある。大きさ n の標本における 2 変数 x と y の間の積率相関係数 r は，母集団における 2 変数 x と y の積率相関係数 $\rho = 0$ からの標本であるかどうかの検定を考える。$\rho = 0$ の母集団から抽出された標本の相関係数 r は，

$$t = \frac{r}{\sqrt{1-r^2}}\sqrt{n-2} \tag{2-9}$$

$$\mathrm{df} = n - 2$$

の t 分布に従うことが知られている．このことを利用して，手もとにある標本の相関係数は，母集団において $\rho = 0$ であるかどうかを検定することができる．帰無仮説 $H_0 : \rho = 0$ のもとでは，$|t| > t_c$ ならば，帰無仮説を棄却し，対立仮説 $H_1 : \rho \neq 0$ を採択する．$|t| \leq t_c$ ならば，帰無仮説を採択する．

さらに，相関に関する検定として，2つの標本における2変数の相関係数の，母集団における相関係数は等しいかどうかの検定がある．

2つの標本があり，各標本における2変数 x と y との相関係数を r_1, r_2 とする．今，これらの母集団における2変数 x と y の相関係数は，ρ_1, ρ_2 とする．**フィッシャーの z 変換**によって，標本相関係数を z 変換すると，$z_1 = 0.5 \log(1 + r_1)/(1 - r_1)$, $z_2 = 0.5 \log(1 + r_2)/(1 - r_2)$ となり，これらは，標本の大きさが大きいとき ($n > 40$)，近似的に，順に，平均 ζ_1, ζ_2，分散 $1/(n_1 - 3)$, $1/(n_2 - 3)$ の正規分布に従う．ただし，$\zeta = 0.5 \log(1 + \rho)/(1 - \rho)$ である．これを利用して，帰無仮説 $H_0 : \rho_1 = \rho_2$ のもとでは，

$$d = (z_1 - z_2) / \sqrt{1/(n_1 - 3) + 1/(n_2 - 3)} \tag{2-10}$$

は，近似的に標準正規分布に従うことが知られている．よって，両側検定で，5%の有意水準では，$d > 1.96$ ならば，帰無仮説を棄却し，対立仮説を採択する．$d \leq 1.96$ ならば，帰無仮説を採択する．

3) 偽相関

一般的に，2つの変数の間の相関を分析するとき，対象としている母集団は等質であると考えている．たとえば，英語と数学の関連性を相関をもとに調べるときに20人の参加者を使用したとしよう．基本的に20人の参加者は，英語と数学との関連性に誤差範囲内で同じような反応をするという前提がある．しかしながら，20人の参加者が2つのグループに分類され，グループAの参加者は英語と数学との間に正の相関を示し，グループBの参加者は負の相関を示したとしよう．このとき，2つのグループを一緒にまとめて相関を計算すると，英語と数学の間の相関は，互いに相殺されて0になる．このようにグループを2つに分けている変数を考慮に入れないで，単純に相関を計算すると，本来そこにある相関関係が第3の変数によって影響を受け，間違った相関関係を示してしまう．このような場合を偽相関と呼ぶ．偽相関には，本来は低い相関であるにもかかわらず，第3の変数の影響によって，見かけの相関が高くなってしまう場合と，本来は高い相関であるにもかかわらず，見かけの相関が低くなってしまう場合の2種類が存在する．よって，相関係数を算出するときには，第3の変数が影響していないかどうかを考慮する必要がある．その場合に使用されるのが，次に述べる重回帰分析である．被説明変数と関連があると思われる変数を説明変数として考慮して分析を行うのである．

2. 重回帰分析

1) 重回帰分析の考え方

重回帰分析は，2つ以上の説明変数を用いて，被説明変数を予測することを行う多変量解析で，線形重回帰式は以下のように表される．

$$y_i = a_0 + a_1 x_{1i} + a_2 x_{2i} + \cdots + a_n x_{ni} + e_i = Y_i + e_i \tag{2-11}$$

Y_i は，個人 i の被説明変数 y の予測値，x_{1i}, x_{2i}, $\cdots$, x_{ni} は個人 i の説明変数 x_1, x_2, $\cdots$, x_n の値，a_1, a_2, $\cdots$, a_n は偏回帰係数，a_0 は定数，e_i は個人 i の誤差である。定数 a_0，および偏回帰係数 a_1, a_2, $\cdots$, a_n は，被説明変数 y とその予測値 Y との差の 2 乗和が最小になるように決定される。R 言語では，関数 lsfit(X, y) を用いて a_0, a_1, a_2, $\cdots$, a_n が計算される。重回帰分析では，説明変数が被説明変数を十分に説明できるか，すなわち，重回帰式による説明率が十分に大きいことが重要である。説明率は，予測値 Y の分散/被説明変数 y の分散で定義される。また，説明率は，被説明変数 y とその予測値 Y との相関係数（重相関係数）の 2 乗に等しい。説明率を高くするためには，被説明変数と相関が高く，かつ，他の説明変数との間の相関が低い変数を説明変数として使用することである。どの説明変数が有効であるかは，偏回帰係数の検定によって選ばれる。

特に，説明変数が 2 つの場合の線形重回帰式であれば，被説明変数 y と説明変数 x_1, x_2 との関係は

$$y_i = a_0 + a_1 x_{1i} + a_2 x_{2i} + e_i = Y_i + e_i \tag{2-12}$$

で表される。本章では，説明変数が 2 つの場合の重回帰分析を中心に説明してゆく。式 (2-12) において，a_0 は定数項で，a_1, a_2 を**偏回帰係数**と呼ぶ。Y_i は重回帰分析による予測値である。これらのパラメータ a_0, a_1, a_2 は，単回帰分析の場合と同じように，最小 2 乗法によってデータと予測値の誤差の 2 乗和が最小になるように決定される。すなわち，

$$Q = \sum_{i=1}^{n} e_i^2 = \sum_{i=1}^{n} (y_i - Y_i)^2 \tag{2-13}$$

としたとき，Q を最小にする a_0, a_1, a_2 は，

$$\partial Q / \partial a_0 = 0, \tag{2-14}$$

$$\partial Q / \partial a_1 = 0, \tag{2-15}$$

$$\partial Q / \partial a_2 = 0 \tag{2-16}$$

を満たす。これより，

$$a_0 + \overline{x}_1 a_1 + \overline{x}_2 a_2 = \overline{y} \tag{2-17}$$

$$a_0 \sum_{i=1}^{n} x_{1i} + a_1 \sum_{i=1}^{n} x_{1i}^2 + a_2 \sum_{i=1}^{n} x_{1i} x_{2i} = \sum_{i=1}^{n} x_{1i} y_i \tag{2-18}$$

$$a_0 \sum_{i=1}^{n} x_{2i} + a_1 \sum_{i=1}^{n} x_{1i} x_{2i} + a_2 \sum_{i=1}^{n} x_{2i}^2 = \sum_{i=1}^{n} x_{2i} y_i \tag{2-19}$$

を得る。そして，さらに，

$$a_0 + \overline{x}_1 a_1 + \overline{x}_2 a_2 = \overline{y} \tag{2-20}$$

$$s_1^2 a_1 + s_{12} a_2 = s_{1y} \tag{2-21}$$

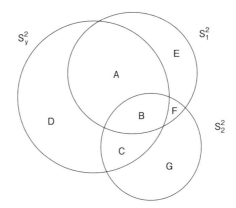

図 2-2 被説明変数と説明変数の分散の関係

$$s_{12}a_1 + s_2^2 a_2 = s_{2y} \tag{2-22}$$

となる。これを解くことによって,

$$a_0 = \overline{y} - a_1 \overline{x}_1 - a_2 \overline{x}_2 \tag{2-23}$$

$$\begin{bmatrix} a_1 \\ a_2 \end{bmatrix} = \begin{bmatrix} s_1^2 & s_{12} \\ s_{21} & s_2^2 \end{bmatrix}^{-1} \begin{bmatrix} s_{1y} \\ s_{2y} \end{bmatrix} \tag{2-24}$$

あるいは,

$$a_0 = \overline{y} - a_1 \overline{x}_1 - a_2 \overline{x}_2 \tag{2-25}$$

$$a_1 = (s_2^2 s_{1y} - s_{12} s_{2y})/(s_1^2 s_2^2 - s_{12}^2) \tag{2-26}$$

$$a_2 = (s_1^2 s_{2y} - s_{12} s_{1y})/(s_1^2 s_2^2 - s_{12}^2) \tag{2-27}$$

を得る。ただし,s_1^2, s_2^2, s_{12} は,順に,x_1, x_2 の分散,x_1 と x_2 の共分散を表す。式 (2-26),(2-27) からわかるように,偏回帰係数を計算するには,説明変数間の共分散 (s_{12}) が関連することより,説明変数としてどのような説明変数を選ぶかによって,偏回帰係数の値は変化することを意味する。もしも説明変数間の共分散が 0 であると,a_1, a_2 の式は,単回帰分析の場合と同じとなる。表 2-1 の 20 人の男子学生の体重を,身長 (x_1) とウエスト (x_2) から予測する重回帰分析を行うと,$Y = -70.2476854 + 0.4355056 x_1 + 0.8188853 x_2$ を得る。偏回帰係数は,対応する変数の 1 単位の増分に対する y の増分を意味するので,この式より,身長が 1 cm 増えると,体重が 0.4355056 kg 増えることを意味する。同様に,ウエストが 1 cm 増えると,体重は 0.8188853 kg 増えることを意味する。重回帰分析において y の分散は,重回帰式によって説明される分散 s_Y^2 と誤差分散 s_e^2 の和として表される。よって,予測値 (Y) の分散 s_Y^2 と y の分散 s_y^2 の比が,重回帰式の説明率となる。これを図で表すと,図 2-2 のようになる。

分散の大きさを円あるいは円の一部の面積で表すと,y の分散は,図の A,B,C,D の部分の合計で表される。同様に,x_1 の分散は,A,B,E,F の部分の合計,x_2 の分散は,B,C,F,G の部分の合計で表される。このとき,A + B の部分は,y の分散のうち,x_1 によって説明される分散と考えられる。同様に,B + C の部分は,x_2 によって説明される y の分散と考えられる。よって,A + B + C の部分が重回帰によって説明される y の分散ということになる。この部分が

表 2-1 大学生男女各 20 人の身長, 体重, ウエストのデータ

	男				女		
	身長 (cm)	体重 (kg)	ウエスト (cm)		身長 (cm)	体重 (kg)	ウエスト (cm)
1	175	73	76	1	159	56	60
2	169	54	58	2	159	45	58
3	167	60	82	3	158	51	63
4	174	63	60	4	162	47	60
5	178	60	65	5	161	58	66
6	180	52	54	6	159	51	64
7	164	92	99	7	162	57	65
8	169	65	74	8	159	56	70
9	172	62	76	9	158	50	65
10	169	79	95	10	151	51	63
11	169	56	69	11	160	52	66
12	151	50	64	12	166	50	62
13	177	56	60	13	155	48	61
14	161	53	72	14	156	61	69
15	177	61	74	15	167	57	70
16	162	70	84	16	163	46	64
17	181	66	75	17	156	52	55
18	180	84	80	18	163	53	57
19	178	72	84	19	149	39	57
20	170	64	72	20	169	42	58

大きいほど, y は重回帰式によってよく説明されるということになる. よって, $(A + B + C)/(A + B + C + D) = Y$ の分散$/y$ の分散が説明率ということになる. D の部分は, 重回帰式によって説明されない y の分散で, 誤差分散 s_e^2 である. y を説明する分散のうち, A の部分は, x_1 によってのみ説明される y の分散, C の部分は x_2 によってのみ説明される y の分散, B の部分は, x_1 と x_2 の両方によって説明される y の分散である. 偏回帰係数というのは, このようにある特定の変数のみによって説明される y の分散に関係する. たとえば, x_1 の偏回帰係数である a_1 は, x_1 以外の変数の影響を除去したときの, x_1 のみによる回帰係数ということである. もしも説明変数間に相関がないと, B および F の部分はなくなるので, そのようなときは, 偏回帰係数は, 単回帰分析の場合の回帰係数と同じ値となる.

2) 重相関係数と偏相関係数

重回帰分析による説明率を計算するにあたり, y の予測値の分散 (s_Y^2) と y の分散 (s_y^2) の比をもとに計算したが, 説明率は, y の予測値 (Y) と y の間の相関係数 (r_{Yy}) の 2 乗で求めることも可能である. この場合の相関係数を**重相関係数**と呼び, 重相関係数は, R で表す. すなわち, $R = r_{Yy}$ である. そして, 重相関係数の 2 乗を**重決定係数**と呼ぶ. 体重の値とその予測値から重決定係数を計算すると, $R^2 = 0.8719357^2 = 0.7602718$ を得る. これは, Y の分散と y の分散の比より求めた説明率に一致する. すなわち, $R^2 = s_Y^2/s_y^2$ である.

一般的に, 重相関係数は, 説明変数を増やしてゆくと, その説明変数が被説明変数の寄与にあまり関係がなくても, 増加する傾向になる. そこで, 単なる変数の増加による重相関係数の影響

を取り除くために，自由度調整済み重相関係数（$\widehat{R}$）が考案されている．重相関係数の2乗は，

$$R^2 = s_Y^2/s_y^2 = (s_y^2 - s_e^2)/s_y^2 = 1 - s_e^2/s_y^2 \tag{2-28}$$

によって表される．ここにおいて，

$$s_e^2 = \sum_{i=1}^n (y_i - Y_i)^2/n, \quad s_y^2 = \sum_{i=1}^n (y_i - \overline{y})^2/n$$

である．これに対して，$\widehat{R}^2$の場合は，

$$\widehat{R}^2 = 1 - u_e^2/u_y^2 \tag{2-29}$$

と定義される．ここにおいて，

$$u_e^2 = \sum_{i=1}^n (y_i - Y_i)^2/(n-k-1), \quad u_y^2 = \sum_{i=1}^n (y_i - \overline{y})^2/(n-1)$$

ただし，kは説明変数の数である．これより，

$$\widehat{R}^2 = \{(n-1)R^2 - k\}/(n-k-1) \tag{2-30}$$

となる．

偏相関とは，他の説明変数の影響を除去したときの，被説明変数と説明変数との間の相関のことで，その値を**偏相関係数**と呼ぶ．たとえば，yとx_1との間の偏相関係数は，yの中からx_2の影響を除去した値，$y - Y_2$と，x_1の中からx_2の影響を除去した値，$x_1 - X_1$との相関（$r_{1y\cdot 2}$）で表される．ただし，Y_2は単回帰式によりyをx_2から予測したときの予測値（$Y_2 = b_0 + b_1 x_2$），X_1は単回帰式により，x_1をx_2から予測したときの予測値（$X_2 = c_0 + c_1 x_1$）である．偏相関係数の2乗を計算することによって，偏相関の対象となった説明変数が，それ独自で被説明変数をどれくらい説明するかを知ることができる．説明変数が2つの場合の偏相関係数は，

$$r_{1y\cdot 2} = (r_{1y} - r_{12}r_{2y})/(\sqrt{1-r_{12}^2}\sqrt{1-r_{2y}^2}) \tag{2-31}$$

$$r_{2y\cdot 1} = (r_{2y} - r_{12}r_{1y})/(\sqrt{1-r_{12}^2}\sqrt{1-r_{1y}^2}) \tag{2-32}$$

によって表される．

3）重相関係数および偏回帰係数の検定

母集団の重相関係数が0であるという帰無仮説のもとでは，

$$F = \frac{R^2/k}{(1-R^2)/(n-k-1)} \tag{2-33}$$

は，df $= (k, n-k-1)$のF分布に従うことを利用して，重相関係数の検定を行うことができる．ただし，kは説明変数の数である．

偏回帰係数の検定を行う場合は，母集団の偏回帰係数が，0であるという帰無仮説のもとでは，

$$t = a_j/\sqrt{(s^{jj}u^2/n)} \tag{2-34}$$

が，df $= n - k - 1$ の t 分布に従うことを利用して，偏回帰係数の検定を行うことができる．ただし，s^{jj} は，k 個の説明変数に関する分散共分散行列の逆行列の jj 要素，u^2 は，誤差分散を意味し，

$$u^2 = \sum_{i=1}^{n} e_i^2 / (n - k - 1) \tag{2-35}$$

である．これは，母集団における変数 j の偏回帰係数を α_j，誤差分散を σ^2 としたとき，変数 j の標本回帰係数は，平均 α_j，分散 $s^{jj}\sigma^2/n$ の正規分布に従うことを利用したものである．σ^2 が未知であるので，その推定値として u^2 を使用するので，t 分布に従うことになるのである．同様にして，定数項の検定をするには，母集団における重回帰式の定数は 0 であるという帰無仮説のもとでは，

$$t = a_0 / \sqrt{\left(1 + \sum_{j=1}^{k} \sum_{l=1}^{k} \bar{x}_j \bar{x}_l s^{jl}\right) u^2 / n} \tag{2-36}$$

が df $= n - k - 1$ の t 分布に従うことを利用して行う．これは，定数母集団における重回帰式の定数項を α_0 とすると，標本の定数項は，平均 α，分散 $\left(1 + \sum_{j=1}^{k} \sum_{l=1}^{k} \bar{x}_j \bar{x}_l s^{jl}\right) \sigma^2 / n$ の正規分布に従う性質に由来する．

4) 変数選択

被説明変数を説明する変数を選ぶ際には，説明率が大きくなるように，説明変数を選ぶことが重要である．そのためには，まず，被説明変数との間の相関が高い説明変数を選ぶことが重要である．しかしながら，説明変数間の相関が高いと，説明率があまり増加しないので，被説明変数との間の相関が高く，かつ，説明変数間の相関が低い説明変数を選ぶのがよい．また，説明変数間の相関が高いと，**多重共線性**の問題も生じるので，説明変数間の相関はできるだけ小さい変数がよい．

重相関係数の検定を利用して，追加変数の有意性を検定することができる．いま，k 個の説明変数を用いて被説明変数を予測したときの重相関係数 R を R_k，これに説明変数を 1 つ追加して $k+1$ 個の説明変数を用いて被説明変数を予測したときの重相関係数 R を R_{k+1} とすると，

$$\Delta R^2 = R_{k+1}^2 - R_k^2 \tag{2-37}$$

は，説明変数 $k+1$ を加えることによって得られる説明率，すなわち重相関係数の 2 乗の増分である．いま，母集団における重相関係数の 2 乗の増分を 0 とすると，

$$F = \frac{\Delta R^2}{(1 - R_{k+1}^2)/(n - k - 2)} \tag{2-38}$$

は，自由度 df $= (1, n - k - 2)$ の F 分布に従うことが知られている．よって，これを利用して，追加変数の検定が可能である．さらに，追加変数が g 個あれば，

$$\Delta R^2 = R_{k+g}^2 - R_k^2 \tag{2-39}$$

としたとき，

$$F = \frac{\Delta R^2 / g}{(1 - R_{k+g}^2)/(n - k - g - 1)} \tag{2-40}$$

は，自由度 df $= (g, n - k - g - 1)$ の F 分布に従うことが知られている．これを利用して，同時に g 個の追加変数の検定が可能になる．

　一般的に，変数選択の統計的方法として，**総あたり法**（all possible subsets method），**前進選択法**（forward selection method），**後退消去法**（backward elimination method），**逐次法**（stepwise method）が挙げられる．総あたり法は，1 から k 個の変数のすべての可能な組み合わせをもとに回帰モデルを検討する方法である．前進選択法は，被説明変数と相関の高い順に，1 つずつ説明変数として採用してゆく方法である．変数を採用するたびに回帰係数の検定を行い，回帰係数が 0 であるという帰無仮説が棄却されなければ，その変数を採用しない．後退消去法は，すべての説明変数を回帰モデルに入れた状態から出発し，すべての変数に関して回帰係数の検定を行い，t 値あるいは F 値の小さい順に，変数の採用を棄却してゆく方法である．逐次法は，前進選択法を改良したもので，前進選択法の場合は，一度採用されるとその変数は採用を棄却されることはないが，逐次法では，前進選択法と同様に，変数を 1 つずつ増やしてゆくが，回帰モデルが変わるたびに，すべての説明変数の回帰係数の検定を行い，回帰係数が 0 であるという帰無仮説が棄却されない変数は，採用を取り消される．

5）重回帰分析の手順

　重回帰分析は，以下のような手順で行われる．
①被説明変数と相関の高い説明変数を探す．
　たとえば，被説明変数 y と相関がある変数を x_1, x_2, x_3, x_4, x_5 とする．

```
> X <- cbind(x1, x2, x3, x4, x5)
> cor(y, X)
```

によって，y と各説明変数との間の相関係数が計算される．相関が低い変数があれば，それを説明変数から取りあえず外す．たとえば，変数 x_2 が y と低い相関であれば，x_2 を除いて

```
X1 <- cbind(x1, x3, x4 x5)
```

とする
②説明変数間の相関係数を計算し，説明変数間に高い相関がないように変数を選ぶ．

```
> cor(X1)
```

によって，説明変数間の相関係数が計算できる．
③重回帰式を作成し，定数項および偏回帰係数を計算する．

```
> lsfit(X1, y)$coef
```

によって，定数項，偏回帰係数が計算される。
④予測値 Y を計算し，重相関係数を計算する。

```
> out1 <- lsfit(X, y)$coef
> Y <- out1[1] + out1[2]*x1 + out1[3]*x3 + out1[4]*x4 + out1[5]*x5
```

によって，予測値 Y が計算される。out1[1] から out1[5] の場所に実際の数値を直接記入することもできるが，out1 として変数扱いした方が数値が正確である。

⑤重相関係数に関し，無相関検定を行う。無相関であれば，別の説明変数を新たに考え直す。今，得られた重相関係数を R，標本の大きさを n とすると，

```
> t1 <- R*sqrt(n-2)/sqrt(1-R^2)
```

で求められた t_1 は，自由度 $n-2$ の t 分布に従う。この t 値をもとに有意確率 $p = Pr(t > t_1)$ を計算するには，以下のように行う。

```
> P <- pt(t₁, n-2, F)
```

これより，$p < 0.025$ ならば，両側検定5％の有意水準で帰無仮説（母集団の重相関係数＝0）を棄却する。

⑥無相関検定で有意差があれば，説明率を計算する。説明率は，R^2 に等しい。

⑦偏回帰係数の検定を行い，有意でない説明変数を取り除き，重回帰式を修正する。

⑧定数項が有意でないとき，定数項のない重回帰式（$Y = a_1x_1 + a_2x_2 + \cdots + a_nx_n$）を作成する。定数項のない重回帰分析は，lsfit(x, y, intercept = F)$coef を実行すればよい。

⑨修正した重回帰式の説明率が小さい場合は，新たに追加する説明変数を見つける。

⑩追加する変数がなければ，偏相関係数を計算し，終了。

3. 重回帰分析の特殊な場合

重回帰分析の場合，被説明変数，説明変数が通常はすべて間隔尺度以上の変数である。しかしながら，2値型の変数も特殊な場合として使用可能である。説明変数が x_1, x_2 の2つの場合で，x_2 が 0 または 1 である2値変数の場合，重回帰式 $Y = a_0 + a_1x_1 + a_2x_2$ は，

$x_2 = 0$ のとき，

$$Y_0 = a_0 + a_1x_1$$

$x_2 = 1$ のとき，

$$Y_1 = a_0 + a_1x_1 + a_2 = (a_0 + a_2) + a_1x_1$$

となり，傾きが同じで，一方の y 切片が他方より a_2 だけ異なる2つの回帰直線が得られる。このように，説明変数のうち，少なくとも1つが2値変数の重回帰分析を共分散分析と呼ぶ。さらに，2つの直線の傾きが異なる場合は，

$$Y = a_0 + a_1 x_1 + a_2 x_2 + a_3 x_1 x_2$$

のように，第3変数として，$x_1 x_2$ の積を追加すれば，

$x_2 = 0$ のとき

$$Y_0 = a_0 + a_1 x_1$$

$x_2 = 1$ のとき

$$Y_1 = a_0 + a_1 x_1 + a_2 + a_3 x_1 = (a_0 + a_2) + (a_1 + a_3) x_1$$

となり，傾きおよび y 切片の異なる 2 つの直線が得られる。

さらに，重回帰式 $Y = a_0 + a_1 x_1 + a_2 x_2 + a_3 x_1 x_2$ において，すべての説明変数が 2 値変数の場合，

$x_1 = x_2 = 0$ のとき，

$$Y_{00} = a_0$$

$x_1 = 1, \ x_2 = 0$ のとき，

$$Y_{10} = a_0 + a_1$$

となり，a_1 は変数1を加えたときの効果（Y の増分）を意味する。

$x_1 = 0, \ x_2 = 1$ のとき，

$$Y_{01} = a_0 + a_2$$

となり，a_2 は x_2 を加えたときの効果を意味する。

$x_1 = x_2 = 1$ のとき，

$$Y_{11} = a_0 + a_1 + a_2 + a_3$$

となり，a_1, a_2 は x_1, x_2 を加えたときの各変数の効果，a_3 は，2 つの変数を加えたときの交互作用効果となる。すなわち，すべての説明変数が 2 値変数のときは，重回帰分析は，水準数 2 の分散分析となる。

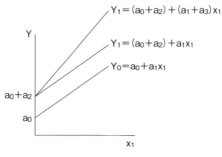

図 2-3　共分散分析

3　Rで因子分析

1. 因子分析の考え方

　因子分析 (factor analysis) は，いくつかの項目間に共通して存在する潜在因子を項目間の相関関係をもとに探る方法で，古くは知能の因子を探る方法として発展してきた。

　因子分析は，個人 i の項目 j に関する標準得点 (z_{ij}) を項目 j の第 p 因子の因子負荷量 (a_{jp}) と個人 i の第 p 因子における因子得点 (f_{ip}) の積和＋誤差によって表現する。すなわち，

$$z_{ij} = a_{j1}f_{i1} + a_{j2}f_{i2} + a_{jp}f_{ip} + \cdots + a_{jm}f_{im} + d_j u_i \tag{3-1}$$

と表される。$d_j u_i$ は誤差成分で，項目 j の独自因子 (d_j) と個人 i の独自因子得点 (u_i) の積で表される。因子分析における因子負荷量 a_{jp} (factor loading) とは，項目数を n としたとき，n 個の項目を m 次元空間 (ただし，m は因子数で $m < n$) で表現したときの各項目の座標値であり，それは項目と因子との相関係数も表す値 ($a_{jp} = r_{jp}$) である。この因子負荷量を項目間相関行列をもとに算出する方法として，主因子法 (principal factor analysis)，ミンレス法，最尤法 (method of maximum likelihood estimation) 等いろいろ存在する。ここでは，主因子法による因子負荷量の求め方を説明する。**主因子法**においては，a_{jp} は，制約条件 $r_{jk} = \sum_{p=1}^{m} a_{jp} a_{kp}$ のもとで，各因子が項目を説明する寄与率が最大になるように決定される。すなわち，

$$Q = \sum_{j=1}^{n} a_{jp}^2 - \sum_{j=1}^{n}\sum_{k=1}^{n} \lambda_{jk}\left(\sum_{p=1}^{m} a_{jp}a_{kp} - r_{jk}\right) \tag{3-2}$$

が最大になるように，a_{jp} を決定する。

　r_{jk} は項目 j と k との間の相関係数を意味し，λ_{jk} は**ラグランジュの未定乗数**を意味する。主成分分析の場合，λ は１つであるが，主因子法の場合，λ は項目の組み合わせの数だけ必要なので，λ_{jk} となるのである。そして，Q が最大になるように，Q を a_{jp} で偏微分することになる。

　第１因子に関しては，

$$\partial Q / \partial a_{j1} = a_{j1} - \sum_{k=1}^{n} \lambda_{jk} a_{k1} = 0 \tag{3-3}$$

第２因子以下に関しては，

$$\partial Q / \partial a_{jp} = -\sum_{k=1}^{n} \lambda_{jk} a_{kp} = 0 \tag{3-4}$$

　２つの式をまとめて

$$\partial Q/\partial a_{jp} = \delta_{1p}a_{j1} - \sum_{k=1}^{n}\lambda_{jk}a_{kp} = 0 \tag{3-5}$$

ただし，δ はクロネッカーの δ を意味し，$p=1$ のとき $\delta_{1p}=1$，$p=0$ のとき $\delta_{1p}=0$ である。式 (3-5) に a_{j1} を乗じ，さらに，$a_{j1} = \sum_{k=1}^{n}\lambda_{jk}a_{k1}$ を利用し，$\lambda = \sum_{j=1}^{n}a_{j1}^2$ とすると，

$$\lambda\delta_{1p} - \sum_{j=1}^{n}a_{j1}a_{jp} = 0 \tag{3-6}$$

式 (3-6) に a_{kp} を掛け，$r_{jk} = \sum_{p=1}^{m}a_{jp}a_{kp}$ を代入すると，

$$\lambda\sum_{p=1}^{m}\delta_{1p}a_{kp} - \sum_{j=1}^{n}a_{j1}r_{jk} = 0 \tag{3-7}$$

$\sum_{p=1}^{m}\delta_{1p}a_{kp} = a_{k1}$ を代入して

$$\sum_{j=1}^{n}r_{jk}a_{j1} - \lambda a_{k1} = 0 \tag{3-8}$$

を得る。

これは，行列で表すと，

$$\begin{bmatrix} h_1^2 & r_{21} & \cdots & r_{n1} \\ r_{12} & & & \cdot \\ \cdot & & & \cdot \\ \cdot & & & \cdot \\ \cdot & & & \cdot \\ r_{1n} & \cdot & \cdot & h_n^2 \end{bmatrix} \begin{bmatrix} a_{11} \\ a_{21} \\ \cdot \\ \cdot \\ \cdot \\ a_{n1} \end{bmatrix} = \lambda \begin{bmatrix} a_{11} \\ a_{21} \\ \cdot \\ \cdot \\ \cdot \\ a_{n1} \end{bmatrix} \tag{3-9}$$

となる。よって，求める a_{j1} は，n 項目からなる相関行列の固有ベクトルということになる。$\lambda = \sum_{j=1}^{n}a_{j1}^2$ であるので，これを満たす固有ベクトルが最終的な解となる。よって，相関行列の正規固有ベクトルを b_{j1} とすると，求める a_{j1} は，

$$a_{j1} = \sqrt{\lambda}\, b_{j1} \tag{3-10}$$

となる。n 個の項目の相関行列の固有値は，n 個存在するので，各固有値，固有ベクトルから算出される a_{jp} が n 個の因子からなる因子負荷量行列となる。共通性 (h_j^2) は，m 個の因子 ($m < n$) で説明される項目 j の分散に相当する ($h_j^2 = \sum_{p=1}^{m}a_{jp}^2$)。主因子法では，共通性をまず推定して，因子負荷量を算出し，因子数 m を決定し，それをもとに共通性を計算し，新しく得られた共通性をもとに再び因子負荷量を算出するという繰り返し計算を行う。そして，共通性の初期値としては，1，SMC（重相関係数の 2 乗），相関行列の行の相関の最大絶対値を使うことが多い。この共通性を 1 として，繰り返し計算を行わない因子分析は，主成分分析（principal component analysis）における因子負荷量に相当するので，共通性を 1 として繰り返し計算を行わない因子分析を主成分分析と呼ぶことが多い。

主因子法の主目的である共通因子数は，項目間相関行列の固有値によって決定される。因子負荷量 a_{jp} は，項目 j と因子 p との相関係数を意味するので，a_{jp}^2 は，因子 p が説明する項目 j の分散を意味する。そこで，a_{jp}^2 を項目 j に関して足した総和 $\lambda_p = \sum_{j=1}^{n}a_{jp}^2$ を算出すると，それは，因

子 p がすべての項目を説明する分散を意味する。よって，λ_p が大きいほどその因子 p は，全項目を説明する因子としての寄与が大きいことになる。この λ_p は，項目相関行列の固有値に等しいので，固有値を算出することによって共通因子数を決定できることになる。各項目は，標準得点に変換されているので，分散は1である。よって，n 個の項目の分散の総和は n に等しい。これより，因子 p の寄与率は λ_p/n によって表される。因子数を決定する際には，横軸を因子数，縦軸を固有値として固有値の変化を表したスクリープロットにおける固有値の急激な落差をもとにして決定することが多い。しかし，明瞭な落差が存在しないケースも存在するので，共通因子数決定には，いくつかの基準が存在する。因子数を決める基準としては，

①固有値の急激な落差をもとに決める。

これは，因子数を横軸，固有値を縦軸として，固有値をプロットした図（スクリープロット）において固有値が急激に変化するときの因子数を「求める因子数」とする方法。

②固有値1以上の因子を「求める因子数」にする。

相関行列の固有値の総和は，項目数に等しいので，固有値＝1は，固有値の平均に相当する。よって，平均以上の固有値を持つ因子数を「求める因子数」とする方法。

③累積寄与率が0.60以上とする。

最終的な因子数によって説明される因子の寄与率は，大きいことが望まれる。その1つの基準として，0.6が考えられる。

④仮説的因子数 ±1 の範囲で最も適切な因子数を決める。

項目内容をもとに因子がいくつ存在するか，その仮説をもとに因子数を決める方法で，仮説的因子数あるいは，その前後に最終的な因子数が存在すると考えられる。

⑤平行分析を用いる

データと同じサイズのランダムサンプリングにより，固有値の取りうる範囲を分析する。それをもとに，統計的に因子数を決める方法。

共通因子数が決まると，次に因子の命名が行われる。因子の命名のためには，各項目は，1つの因子には大きな相関をもち，他の因子には大きな相関をもたないような因子構造が必要となる。これを単純構造（simple structure）と呼ぶ。この単純構造を得るために共通因子空間を回転させる方法としてしばしば使用されるのが，バリマックス回転（varimax rotation）である。バリマックス回転では，すべての因子軸における因子負荷量の2乗の分散が最大になるように共通因子軸を回転してゆく。得られた単純構造をもとにして，各因子に属する項目を決定し，それらの項目内容から因子を命名するのである。単純構造が明確であれば，因子の命名も行いやすいが実際は項目によっては，いくつかの因子と高い相関を有したり，あるいは，どの因子とも高い相関を有しない項目の存在するような不明瞭な単純構造も生じやすい。あるいは，各因子に属する項目数にばらつきがあり，項目数の大きな因子や項目数の少ない因子が生じてくる。因子の命名のためには，各因子に属する項目数が多いほど命名しやすいと考えられる。その意味で各項目に属する因子は少なくとも10項目程度は必要であると思われる。そして，各因子に属する項目数は等しいのが理想的である。単純構造が明確でない場合に遭遇した場合には，これらを考慮に入れて再び項目を検討するのも1つの方法である。ここで説明したバリマックス回転は，互いの因子軸は直交するという仮定のもとでの直交回転であるので，因子軸が直交しない場合も単純構造が明確でないことが生じる。そのような場合は，プロマックス回転（promax rotation）のような斜交回転を行うことになる。因子分析は，最初からそれなりの因子構造が仮定されていて，それを確認するために行う確認的因子分析と特に因子構造は仮定されていない探索的因子分析に分類さ

れる。探索的因子分析の場合には，特に明確な単純構造は得にくいかもしれない。そのような場合には，それをもとに十分な仮説を立て，確認的因子分析に向かうのがよいであろう。

因子分析の最後の段階が因子得点 f_{ip} の算出である。因子得点 f_{ip} は，個人 i の因子 p における座標値で，平均が0，分散が1に標準化された得点である。さらに，共通因子空間では因子軸が直交している。因子得点は因子負荷量とは異なり，因子 p との相関係数を意味しない。しかしながら，共通因子空間における項目と因子の同時プロットは，個人と因子との関係を分析するのに有効である。また，因子得点を用いて個人をいくつかのグループに分類することも可能である。

因子分析の手順をまとめると，以下のようになる。

①項目間相関係数を算出し，項目間相関行列を作成する。

②共通性を推定する。共通性＝1として，相関行列をそのまま使用してもよい。

③共通性を対角要素とした項目間相関行列をもとに，主因子法によって，因子負荷量を算出する。

④因子ごとの因子負荷量の2乗和（相関行列の固有値に等しい）を算出し，共通因子数 m を決定する。

⑤ m 次元の共通因子空間をバリマックス回転によって直交回転し，単純構造を得る。単純構造をもとに因子の命名を行う。十分な単純構造が得られないとき，プロマックス回転等の斜交回転を行うことによってより適切な単純構造を獲得する。

⑥因子得点を算出する。

2. バリマックス回転とプロマックス回転

バリマックス回転におけるバリマックスとは，分散を最大にするという意味である。いま，バリマックス回転によって得られた項目 i の因子 p に対する因子負荷量を b_{ip} とすると，バリマックス回転においては，

$$V = \sum_{p=1}^{m} \left\{ \sum_{i=1}^{n} \left(b_{ip}^2 - \sum_{k=1}^{n} b_{kp}^2/n \right)^2 /n \right\} /m \qquad (3\text{-}11)$$

を最大にするように b_{ip} を決定する。m は，因子数で，n は項目数である。これを**バリマックス基準**と呼ぶ。単純構造においては，各軸において，因子負荷量は，できるだけ1あるいは -1 に近いか0に近い値であるので，分散は最大になっている。そこで，バリマックス基準は，すべての因子軸における因子負荷量の2乗の分散が最大になるように，b_{ip} を決定しているのである。バリマックス回転は，**ローバリマックス回転**と**ノーマルバリマックス回転**に分類され，上述したバリマックス基準はローバリマックス基準の場合に使用される。ノーマルバリマックス回転において，バリマックス基準において，b_{ip} の代わりに b_{ip}/h_i，b_{kp} の代わりに b_{kp}/h_k が使用される。h_i，h_k は，順に項目 i，k の共通性の平方根である。これは，ローバリマックス回転の場合は，因子軸を回転する際に，共通性（communality）の大きい項目の方向に回転が偏るので，それを抑制しようとするものである。バリマックス回転においては，まず，m 因子の中から順に2因子を選び，選ばれた2因子空間において，バリマックス基準を最大にする方向へ共通因子空間を回転するのである。このときの回転角 θ は，以下の式によって表される。

$$\theta = \tan^{-1}[(D - 2AB/n)/\{C - (A^2 - B^2)/n\}]/4 \qquad (3\text{-}12)$$

ここにおいて,

$$A = \sum_{j=1}^{n}(a_{jp}^2 - a_{jq}^2)$$

$$B = 2\sum_{j=1}^{n}a_{jp}a_{jq}$$

$$C = \sum_{j=1}^{n}(a_{jp}^2 - a_{jq}^2)^2 - 4\sum_{j=1}^{n}(a_{jp}a_{jq})^2$$

$$D = 4\sum_{j=1}^{n}(a_{jp}^2 - a_{jq}^2)a_{jp}a_{jq}$$

で,p,q は,回転のために選ばれた2因子を表す.これをすべての因子の組み合わせに関して行い,十分に満足できる収束がみられたときに,回転を終了するのである.

　斜交回転としてはプロマックス回転がしばしば使用される.斜交回転は,共通因子空間を直交回転によって回転したとき,十分な単純構造が得られない場合に使用する.直交軸の代わりに斜交軸を使用することによって,単純構造を得ようとするのである.斜交回転においては,直交座標系の代わりに斜交座標系が使用される.そこで,まず,斜交座標系について考えてみよう.図 3-1 には,直交座標系と斜交座標系が示されている.直交座標系の軸はⅠ軸とⅡ軸からなり,斜交座標系の軸はⅠ′軸とⅡ′軸からなる.点Pは直交座標系においては,その座標値はP(a_1, a_2) によって一義的に表されるが,斜交座標系においては,P(b_1, b_2) とP(c_1, c_2) の2種類の座標値によって表される.P(b_1, b_2) の座標は,点Pから斜交軸Ⅰ′,Ⅱ′に垂線を下ろすことによって得られる座標値であるのに対し,P(c_1, c_2) は,斜交軸に平行に定義されている.P(b_1, b_2) によって表される座標を**共変成分**(covariant)と呼ぶのに対し,P(c_1, c_2) によって表される座標を**反変成分**(contravariant)と呼ぶ.斜交軸間の角度を θ とすると,両者は,次のような関係がある.

$$\begin{bmatrix}b_1\\b_2\end{bmatrix} = \begin{bmatrix}1 & \cos\theta\\\cos\theta & 1\end{bmatrix}\begin{bmatrix}c_1\\c_2\end{bmatrix} \tag{3-13}$$

また,直交座標 P(a_1, a_2) とは,次のような関係がある.

$$\begin{bmatrix}b_1\\b_2\end{bmatrix} = \begin{bmatrix}\cos\theta_{11} & \cos\theta_{12}\\\cos\theta_{21} & \cos\theta_{22}\end{bmatrix}\begin{bmatrix}a_1\\a_2\end{bmatrix} \tag{3-14}$$

$$\begin{bmatrix}c_1\\c_2\end{bmatrix} = \begin{bmatrix}1 & \cos\theta\\\cos\theta & 1\end{bmatrix}^{-1}\begin{bmatrix}b_1\\b_2\end{bmatrix}$$

$$= \begin{bmatrix}1 & \cos\theta\\\cos\theta & 1\end{bmatrix}^{-1}\begin{bmatrix}\cos\theta_{11} & \cos\theta_{12}\\\cos\theta_{21} & \cos\theta_{22}\end{bmatrix}\begin{bmatrix}a_1\\a_2\end{bmatrix} \tag{3-15}$$

　直交回転にもさまざまな回転方法があるように,斜交回転にもさまざまな回転方法がある.その中で,ここでは,プロマックス回転について説明する.プロマックス回転は,バリマックス回転のような直交回転によって得られた因子構造をもとに,斜交回転によって理想的な因子構造に変換する方法である.いま,理想的な因子構造を $\boldsymbol{P}$,直交回転によって得られた因子構造を $\boldsymbol{A}$ とすると,

$$\boldsymbol{P} = \boldsymbol{AL} \tag{3-16}$$

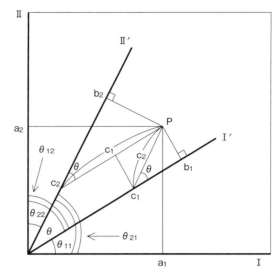

図 3-1 直交座標系と斜交座標系の関係

によって表される。L は，求める変換行列である。上式より，

$$A^{\mathrm{t}}P = A^{\mathrm{t}}AL$$
$$L = (A^{\mathrm{t}}A)^{-1}A^{\mathrm{t}}P \tag{3-17}$$

よって，理想的な因子構造が決まれば，変換行列 L を算出し，それを直交回転によって得られた因子構造行列に右から掛けることによって，理想的な因子構造に最も近い解を得ることができる。問題は，理想的因子構造 P をどのように決めるかということである。

プロマックス回転においては，項目 i の第 i 因子における理想的因子構造の値を P_{ij} とすると，

$$P_{ij} = |a_{ij}^{k+1}|/a_{ij} \tag{3-18}$$

によって定義する。$k > 1$ で，$k = 4$ がよく使用される。これは，基本的には，直交回転によって得られた因子構造を，k 乗することによって，より大きな値はより大きく，小さな値はより小さくなるようにすることによって，理想的因子構造を探そうとするのである。分母に a_{ij} があるのは，P_{ij} に a_{ij} の符号を残すためであると考えられる。

3. 因子得点について

因子得点（factor score）は，項目の因子分析によって得られた因子軸上における個人の得点で，因子得点 f_{ip} は，項目 j における個人 i の標準得点 z_{ij} と項目 j の第 p 因子における因子負量 a_{jp} より以下のようにして計算される。

$$Z = FA^{\mathrm{t}} + UD \tag{3-19}$$

$$Z \fallingdotseq FA^{\mathrm{t}} \tag{3-20}$$

$$Z = \widehat{F}A^{\mathrm{t}} \tag{3-21}$$

$$ZA(A^{\mathrm{t}}A)^{-1} = \widehat{F}A^{\mathrm{t}}A(A^{\mathrm{t}}A)^{-1} \tag{3-22}$$

$$\widehat{F} = ZA(A^{\mathrm{t}}A)^{-1} \tag{3-23}$$

　因子得点をもとに個人を因子空間に配置することによって，個人を分類することが可能であるだけでなく，項目と個人を同じ因子空間に配置することによって項目と個人との関連性も分析することが可能である。因子負荷量は，項目と因子との相関係数を意味するが，因子得点は，個人と因子との相関係数を意味しない。因子得点は，因子軸ごとに平均0，分散1に標準化された値である。よって，因子負荷量は，−1と1の間に制限されるのに対し，因子得点の場合は，とりうる値に制限はない。

　R言語では，因子得点を上述した式ではなく，因子負荷量を説明変数，標準得点を被説明変数として，定数項のない重回帰分析によって最小2乗解を得ている。

4. 主成分分析と因子分析の関係

　主成分分析（principal component analysis）とは，N個の対象があるとき，それらの対象の空間的配置を対象を記述する項目の数（n）よりもできるだけ少ない次元（m）で表現することによって，対象間の関連性を分析する方法である。たとえば，図3-2は，表3-1（p.46）の10人の大学生の数学の成績と物理の成績をもとにプロットしたものである。10人の大学生は，数学と物理の2次元で空間表現されているが，図からわかるように，10人の大学生は，2次元の平面上にまんべんなく散らばっているのではなく，1つの直線上（z_1）に沿って散布している。このような場合，数学と物理からなる2つの次元を使用せずとも，10人の学生の座標点が沿って散布している直線（z_1）を1つの新しい次元として使用した方が，次元の節約となり，できるだけ少ない次元で対象の空間配置を行った方が対象間の関連性を分析しやすい。主成分分析は，対象を記述する項目の得点によって空間的に配置されている初期布置をもとにして，項目数よりも少ない数の次元（**主成分**）に対象を配置するのである。

　主成分分析によって得られた新しい軸である主成分上における対象の得点を**主成分得点**と呼ぶが，この主成分得点z_{ki}は，

$$z_{ki} = a_{k1}x_{1i} + a_{k2}x_{2i} + \cdots + a_{kn}x_{ni} \tag{3-24}$$

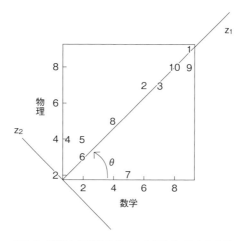

図3-2 数学と物理の得点をもとにした10人の大学生の空間的配置

表3-1 8科目における10人の学生の成績

	数学	物理	生物	化学	英語	独語	心理学	経済学
1	9	9	9	9	2	3	2	4
2	6	7	7	6	7	4	4	2
3	7	7	5	6	1	5	2	3
4	1	4	7	4	8	7	9	9
5	2	4	3	7	8	9	8	9
6	2	3	4	2	8	8	7	9
7	5	2	9	9	2	8	9	9
8	4	5	7	6	4	4	6	5
9	9	8	3	3	7	6	2	1
10	8	8	1	4	9	9	7	2

によって表される。添え字のiは対象を表し，kは主成分を表すとする。よってz_{ki}は，第k主成分における対象iの主成分得点ということになる。そして，a_{kj}を項目jの第k主成分における**主成分係数**と呼ぶ。たとえば，項目が2つの場合であれば，主成分得点は，

$$z_{1i} = a_{11}x_{1i} + a_{12}x_{2i}$$
$$z_{2i} = a_{21}x_{1i} + a_{22}x_{2i} \tag{3-25}$$

あるいは，行列によって，

$$\begin{bmatrix} z_1 \\ z_2 \end{bmatrix} = \begin{bmatrix} a_{11} & a_{12} \\ a_{21} & a_{22} \end{bmatrix} \begin{bmatrix} x_1 \\ x_2 \end{bmatrix} \tag{3-26}$$

と表される。主成分分析では，まず，第1主成分得点の分散が最大になるようにして，a_{11}, a_{12}を決定してゆく。そして，a_{11}, a_{12}が決定されたあと，次に，第2主成分得点が最大になるように，a_{21}, a_{22}を決定してゆく。いま，式の簡略化のために

$$z_1 = a_{11}x_1 + a_{12}x_2 = a_1 x_1 + a_2 x_2 \tag{3-27}$$

とすると，

$$s_{z_1}^2 = a_1^2 s_1^2 + a_2^2 s_2^2 + 2a_1 a_2 s_{12} \tag{3-28}$$

が最大となるように，a_1, a_2を決定するのである。a_1, a_2を大きくすればするほど，$s_{z_1}^2$は大きくなるので，

$$a_1^2 + a_2^2 = 1 \tag{3-29}$$

という制約条件のもとでの$s_{z_1}^2$の最大化を行うのである。そこで，**ラグランジュの未定乗数法**を利用して，

$$Q = a_1^2 s_1^2 + a_2^2 s_2^2 + 2a_1 a_2 s_{12} - \lambda(a_1^2 + a_2^2 - 1) \tag{3-30}$$

としたときの

$$\partial Q / \partial a_1 = 0 \tag{3-31}$$

$$\partial Q/\partial a_2 = 0 \tag{3-32}$$

を満たす a_1, a_2 を決定するのである。

これより，

$$(s_1^2 - \lambda)a_1 + s_{12}a_2 = 0 \tag{3-33}$$

$$s_{12}a_1 + (s_2^2 - \lambda)a_2 = 0 \tag{3-34}$$

これを行列で表すと，

$$\begin{bmatrix} s_1^2 & s_{12} \\ s_{12} & s_2^2 \end{bmatrix} \begin{bmatrix} a_1 \\ a_2 \end{bmatrix} = \lambda \begin{bmatrix} a_1 \\ a_2 \end{bmatrix} \tag{3-35}$$

となる。よって，求める a_1, a_2 は，変数間の分散共分散行列の固有ベクトルということになる。固有ベクトルの性質より上の式を満たす固有ベクトルは無数にあるので，そのうち，制約条件である $a_1^2 + a_2^2 = 1$ を満たす固有ベクトルが求める a_1, a_2 となる。また，固有値である λ は，上の式より

$$\lambda = a_1^2 s_1^2 + a_2^2 s_2^2 + 2a_1 a_2 s_{12} = s_{z1}^2 \tag{3-36}$$

となるので，λ は最大化された s_{z1}^2 を意味する。

2次の分散共分散行列の固有値は2つ得られる。よって，大きい方の固有値が最大化された s_{z1}^2，小さい方の固有値が次に最大化された s_{z2}^2 ということになる。大きい方の固有値を λ_1，小さい方の固有値を λ_2 とすると，固有値の性質より，$s_1^2 + s_2^2 = \lambda_1 + \lambda_2$ である。よって，$\lambda_1/(\lambda_1 + \lambda_2)$ は，第1主成分のみによって説明される寄与率になるので，これが十分に大きければ（たとえば，0.7以上），第1主成分だけで十分であるということになる。

一般的に変数が n 個ある場合は，その分散共分散行列の固有値も n 個存在するので，各主成分の寄与率を累積した累積寄与率が，ある基準に達するかどうかで，求める最終的な主成分数を決めることになる。

分散共分散行列が対称行列であるので，その固有ベクトルは，互いに直行する性質がある。そして，固有ベクトルのノルムが1であることから，主成分係数行列は正規直行行列であることがわかる。2次の正規直行行列は，回転行列によって，

$$\begin{bmatrix} a_{11} & a_{12} \\ a_{21} & a_{22} \end{bmatrix} = \begin{bmatrix} \cos\theta & -\sin\theta \\ \sin\theta & \cos\theta \end{bmatrix} \tag{3-37}$$

と表すことができる。よって，主成分分析は，n 個の項目に基づく次元によって表現された N 個の対象の空間配置を回転させることによって，n 個よりもより少ない次元で対象の空間配置を考える方法といえよう。

主成分分析においては，主成分係数は，項目間分散共分散行列の固有ベクトルであるのに対し，因子分析における因子負荷量は，対角要素に共通性を代入した項目間相関行列の固有ベクトルに固有値の平方根を乗じたものである。よって，主成分分析において，項目を平均0，分散1に標準化した後，主成分分析を行うと，主成分係数は，項目間相関行列の固有ベクトルとなる。よって，このようにして得られた固有ベクトルに対応する固有値の平方根を乗じると，その値は，因子分析において，対角要素を1とした項目間の相関行列をもとにした因子負荷量に等しくな

る。さらに，標準化された項目をもとに主成分分析を行い，そして，標準化した主成分得点を算出すると，それは因子得点と一致する。

よって，主成分分析は，因子分析（主因子法）の特殊な場合と位置づけることができる。主成分分析において気をつけなくてはいけないことは，主成分係数と因子負荷量は異なるということである。

5. Rで因子分析

項目間相関係数を計算する際には，項目の尺度レベルが間隔尺度以上かどうかを確認する。間隔尺度以上であれば，ピアソンの積率相関係数を使用する。通常の因子分析は，ピアソンの積率相関係数をもとに因子負荷量を算出してゆく。よって，項目の尺度のレベルが名義尺度あるいは，順序尺度レベルの場合は，ピアソンの積率相関係数を代わりの値として使用しているということを認識しておく。項目の尺度レベルが名義尺度の場合，2値データであれば，ピアソンの積率相関係数の代わりに，テトラコリック相関係数を用いる。

テトラコリック相関係数は，2値データをもとにピアソンの積率相関係数を推定した値である。R言語では，ピアソンの積率相関係数は，関数 cor(x, y) によって計算することができる。項目間相関行列であれば，関数 cor(X) によって計算できる（行列 X は，行に個人，列に項目を配置したデータ行列）。テトラコリック相関係数の場合は，関数 tetrachoric を使用する。これは標準装備されていないので，Rコンソール画面のメニューバーの「パッケージ」をクリックし，さらに，「パッケージの読み込み」をクリックし，関数 psych を選択する。そして，HTML hepl を開き，psych をクリックすれば，関数 tetrachoric が表示される。他には，ϕ 係数を用いたり，カテゴリー数が3つ以上の場合は，連関係数あるいは，ポリコリック相関係数を用いたりする。項目のレベルが順序尺度の場合，スピアマンの順位相関係数が用いられる。

式 (3-9) をもとに，因子負荷量を算出してみよう。データは，表3-1に示す8科目の得点である。10人の8科目に関する得点データが data-fa.txt に保存されているとする。

```
> x <- matrix(scan("data-fa.txt"), ncol=8, byrow=T)
Read 80 items
> x
      [,1] [,2] [,3] [,4] [,5] [,6] [,7] [,8]
 [1,]    9    9    9    9    2    3    2    4
 [2,]    6    7    7    6    7    4    4    2
 [3,]    7    7    5    6    1    5    2    3
 [4,]    1    4    7    4    8    7    9    9
 [5,]    2    4    3    7    8    9    8    9
 [6,]    2    3    4    2    8    8    7    9
 [7,]    5    2    9    9    2    8    9    9
 [8,]    4    5    7    6    4    4    6    5
 [9,]    9    8    3    3    7    6    2    1
[10,]    8    8    1    4    9    9    7    2
> r<- cor(x)
```

```
> evalues <- eigen(r)$values
> evectors <- eigen(r)$vectors
> y1 <- matrix(0, nrow=8, ncol=8)
> diag(y1) <- sqrt(evalues)
> a<- evectors%*%y1
>a
            [,1]         [,2]         [,3]         [,4]
[1,]  -0.8812504    0.1979468   0.35173525   0.01055985
[2,]  -0.8667154    0.3933901   0.04542587  -0.21277135
[3,]  -0.1742761   -0.9090043  -0.24382537  -0.17190013
[4,]  -0.2670434   -0.7928961   0.44991553  -0.23823509
[5,]   0.5050195    0.7384614  -0.16414147  -0.39565679
[6,]   0.7753531    0.3677796   0.49089482   0.09149423
[7,]   0.9199817   -0.1387890   0.16254034  -0.22592048
[8,]   0.8488258   -0.4537688  -0.02387314   0.08014985
            [,5]         [,6]         [,7]         [,8]
[1,]   0.21072325   0.10762726  -0.03991108  -0.052960015
[2,]  -0.11042125   0.09157021   0.15996880   0.023356057
[3,]   0.20300152   0.10436393  -0.01570083   0.044616372
[4,]  -0.18449374  -0.05381354  -0.06235177  -0.001435859
[5,]  -0.02477996   0.06276648  -0.10728480  -0.008921835
[6,]   0.05715125   0.08178546  -0.01141046   0.064276973
[7,]   0.17262031  -0.10546541   0.12273606  -0.030445878
[8,]  -0.13489094   0.21199264   0.04029329  -0.042833104
```

上の方法では，繰り返し計算は行われていないので，主成分分析の結果となる．この結果をもとに共通性を計算し，繰り返し計算を行うには，以下の関数 pfa2 を使用する．関数 pfa2 は，引数として，項目間相関係数 r，共通因子数 m，最大繰り返し数 $iter$ を指定する．

共通性の初期値は 1 とし，$iter = 1$ のときは，主成分分析の解と一致する．出力は，初期因子負荷量（loadings.org），最終的因子負荷量（loadings.final），最終的共通性（com），初期固有値（evalues.org），最終固有値（evalues.final），繰り返し数（iter），2 つの共通性の差の 2 乗の平均の平方根（dif）である．

```
#####pfa2#####
pfa2 <- function(r,m,iter){
com <- 1
for(i in 1:iter){
com1 <- com
diag(r) <- com
evalues <- eigen(r)$values
mm <- length(evalues[evalues>0])
```

```
    evectors <- eigen(r)$vectors
    y <- matrix(0, nrow=ncol(r), ncol=mm)
    diag(y) <- sqrt(evalues[1:mm])
    a <- evectors%*%y
    if(i==1) {evalues.org <- evalues;a1 <- a}
    com <- apply(a[,1:m]^2,1,sum)
    com2 <- com
    dif <- sqrt(sum((com1-com2)^2)/ncol(r))
    if(dif<0.001) break
    }
    list(loadings.org=a1[,1:m], loadings.final=a[,1:m], com=com, iter=i,
    dif=dif, evalues.org=evalues.org,evalues.final=evalues)
    }
    #############
    > pfa2(r,2,100)$loadings.final
    $loadings.final
              [,1]            [,2]
    [1,]   -0.8530547     0.15106353
    [2,]   -0.8748735     0.35541593
    [3,]   -0.1444719    -0.90942499
    [4,]   -0.2218720    -0.69455575
    [5,]    0.4608823     0.71629572
    [6,]    0.7182729     0.37741332
    [7,]    0.9047353    -0.08890123
    [8,]    0.8675393    -0.42241440
```

さらに，ここで得られた結果をもとに，以下の方法で相関行列を再現し，もとの相関行列との関係をプロットすると，図3-3となる。再現性がよいことがうかがえる。再現性を相関係数で示すと，$r = 0.9923718$ となる。

```
a <- pfa2(r, 2, 1000)$loadings.final
r2 <- a%*%t(a)
plot(r[col(r)<row(r)],  r2[col(r2)<row(r2)])
abline(0, 1)
cor(r[col(r)<row(r)],   r2[col(r2)<row(r2)])
```

R言語では，関数 fa, varimax, promax, factor.scores が因子分析をするために準備されている（パッケージpsych）。そこで，関数 fa を用いて主因子法による因子負荷量を算出すると，以下の出力が得られる（警告メッセージは省略）。

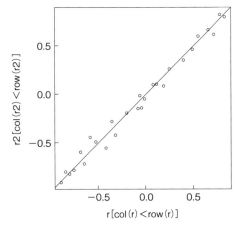

図 3-3 もとの項目間相関係数（横軸）と関数 pfa2 に
よって再現された相関係数（縦軸）との関係

```
> fa(r, 2, fm="pa", rotate="none")
Standardized loadings (pattern matrix) based upon correlation matrix
      PA1    PA2    h2    u2    com
1   -0.85  -0.15  0.75  0.25  1.1
2   -0.87  -0.36  0.89  0.11  1.3
3   -0.14   0.91  0.85  0.15  1.1
4   -0.22   0.69  0.53  0.47  1.2
5    0.46  -0.71  0.72  0.28  1.7
6    0.72  -0.38  0.66  0.34  1.5
7    0.90   0.09  0.83  0.17  1.0
8    0.87   0.42  0.93  0.07  1.4

                       PA1    PA2
SS loadings           3.86   2.30
Proportion Var        0.48   0.29
Cumulative Var        0.48   0.77
Proportion Explained  0.63   0.37
Cumulative Proportion 0.63   1.00
```

関数 fa(r, nfactors = 2, fm = "pa", rotate = "none") において，r は相関行列，nfactors は因子数，fm は因子負荷量を計算する方法，pa は主因子法を意味する。rotate は回転の方法で，回転前の因子負荷量を得るためには rotate = "none" とする。因子数は前もって決めておく。R 言語では，平行分析用の関数 fa.parallel があるので，それを用いて因子数を決める。

```
> fa.parallel(r, n.iter=20, error.bars=T)
```

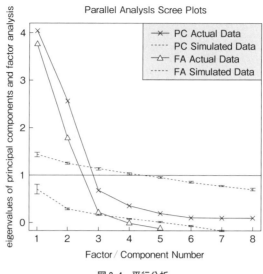

図3-4 平行分析

を実行すると，図3-4に示される図が表示される．2つの点線で示される範囲の外の固有値の数が求める因子数となる．図には，因子分析と主成分分析の結果の両方が表示される．

主因子法（fa）で得られた2因子までの因子負荷量をもとにバリマックス回転，プロマックス回転を行うと以下の出力が得られる．ただし，関数 varimax, promax の中の class(z) <- "loadings" を # class(z) <- "loadings" として，非実行文にしないと，すべての因子負荷量が出力されない．

```
> varimax(a)$loadings
          [,1]          [,2]
[1,]  -0.85360169    0.12792245
[2,]  -0.93930649   -0.06483307
[3,]   0.15647304    0.90731262
[4,]   0.01070096    0.72414466
[5,]   0.21049911   -0.81938399
[6,]   0.56189847   -0.58912656
[7,]   0.88194021   -0.20070245
[8,]   0.95837556    0.12172217
> promax(a)$loadings
          [,1]          [,2]
[1,]  -0.8514041    0.0463118
[2,]  -0.9649633   -0.1592084
[3,]   0.2831675    0.9429645
[4,]   0.1097757    0.7413020
[5,]   0.1023764   -0.8167732
[6,]   0.4915042   -0.5466298
[7,]   0.8703113   -0.1179060
[8,]   0.9921418    0.2192489
```

バリマックス回転によって得られた単純構造を以下のように関数 write.table を使用して，エクセルワークシートに出力する．

```
> write.table(varimax(a)$loadings,file="out.varimax.xls",sep="\t")
```

そして，科目名を書き入れ，各項目ごとに因子負荷量の大きい因子をチェックし，項目が属する因子を決める．

第1因子に属する項目は，数学，物理，心理学，経済学で，数学・物理と心理学・経済学では因子負荷量の符号が異なるので，反対の内容となる．これより，第1因子は，理系・文系因子，第2因子は，生物，化学，英語で，生物・化学と英語は符号が反対である．これより，第2因子は，応用と基礎の因子となる．

式 (3-1) は，z_{ij} を被説明変数とし，a_{jp} を説明変数とする重回帰式に等しいので，因子得点 f_{ip} は，重回帰式の偏回帰係数として算出することができる．R 言語では，因子得点は関数 factor.scores によって計算される．

```
> factor.scores(x,a)$scores
            [,1]          [,2]
 [1,]  -1.14136923   1.13697036
 [2,]  -0.95366855  -0.05098388
 [3,]  -1.34537443   0.14725169
 [4,]   0.69754539   0.34175324
 [5,]   1.15555798  -0.50769023
 [6,]   1.39135379  -0.32508612
 [7,]   0.68581888   1.68294099
 [8,]   0.35679507   0.39844828
 [9,]  -0.78660975  -1.07611761
[10,]  -0.06004916  -1.74748672
```

図3-5 に項目と個人のバイプロットを示す．項目のプロットは，主因子法（fa）によって得られた8項目の因子負荷量，個人は，因子得点（factor.scores）に基づく．バイプロットにおいて，

表3-2 バリマックス回転によって得られた単純構造

	第1因子	第2因子	
1	−0.8536	0.127922	数学
2	−0.93931	−0.06483	物理
3	0.156473	0.907313	生物
4	0.010701	0.724145	化学
5	0.210499	−0.81938	英語
6	0.561898	−0.58913	独語
7	0.88194	−0.2007	心理学
8	0.958376	0.121722	経済学

個人2, 3, 8は，理系項目1, 2, 3, 4の近くに分布しているので，理系科目が得意なグループ，個人4, 5, 6は，文系科目5, 6, 7, 8の近くに分布しているので，文系科目が得意なグループであることがわかる．

```
> a
        [,1]        [,2]
[1,]   -0.85       -0.15
[2,]   -0.87       -0.36
[3,]   -0.14        0.91
[4,]   -0.22        0.69
[5,]    0.46       -0.71
[6,]    0.72       -0.38
[7,]    0.90        0.09
[8,]    0.87        0.42
> f
           [,1]            [,2]
[1,]  -1.14136923    1.13697036
[2,]  -0.95366855   -0.05098388
[3,]  -1.34537443    0.14725169
[4,]   0.69754539    0.34175324
[5,]   1.15555798   -0.50769023
[6,]   1.39135379   -0.32508612
[7,]   0.68581888    1.68294099
[8,]   0.35679507    0.39844828
[9,]  -0.78660975   -1.07611761
[10,] -0.06004916   -1.74748672

> plot(f,type="n")
> text(f,labels=1:10,font=2)
> text(a,labels=1:8,font=1)
```

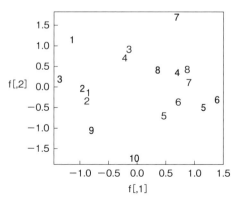

図3-5　項目（細字）と個人（太字）のバイプロット

4 RでMDS

1. MDSの考え方

1) 計量的MDSについて

　MDS（multi-dimensional scaling；多次元尺度構成法）は，計量的MDS（metric MDS；計量的多次元尺度構成法）と非計量的MDS（non-metric MDS；非計量的多次元尺度構成法）そして，個人差を考慮に入れたINDSCAL（individual differences multi-dimensional scaling）に分類される。計量的MDSは，対象間の与えられた距離データをもとに，対象の空間的布置を構成する方法で，Torgerson (1952) によって開発された。これに対して，非計量的MDSは，対象間の距離データ，あるいは距離データに対応する非類似度データ，あるいは，相関データ，類似度データをもとに，対象間の空間的布置を構成する方法で，Kruskal (1964) によって，そして，INDSCALは，Carroll & Chang (1970) によって開発された。図4-1に示すように，2点 $P_j(x_j, y_j)$，$P_k(x_k, y_k)$ の座標値が与えられると，2点間 P_j，P_k の距離 d_{jk} は，三平方の定理によって，$d_{jk} = \sqrt{(x_j - x_k)^2 + (y_j - y_k)^2}$ として与えられる。計量的MDSは，この距離をもとにして，座標値を求める方法である。2点の座標値が与えられると，2点間の距離は三平方の定理によって一義的に求められるが，逆に，2点からの距離をもとにして，それらの座標値を求めると，それは一義的には定まらない。図4-1に示されるように，xy 座標軸のように座標を定めると，それに対応した座標値があり，uv 座標軸にすると，それに対応した座標値があるので，結局，座標値は座標軸ごとに存在し，基本的には無数に存在することになる。無数に存在する座標値の中から，

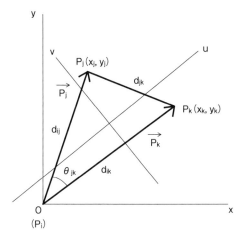

図4-1　2点 P_j, P_k 間のユークリッド距離

1つの座標値さえ求められれば，それはもとの距離データを再現しているので，問題はどのように座標軸を設定すればよいかということになる．計量的 MDS では，これらの無数に存在する座標軸の中から，ある特殊な基準をもとにして座標軸を設定し，それをもとにして対象の座標値を求めてゆく．

今，図 4-1 の原点を P_i とすると，余弦定理によって，

$$d_{jk}^2 = d_{ij}^2 + d_{ik}^2 - 2d_{ij}d_{ik}\cos\theta_{jk} \tag{4-1}$$

となる．これより，

$$d_{ij}d_{ik}\cos\theta_{jk} = (d_{ij}^2 + d_{ik}^2 - d_{jk}^2)/2 \tag{4-2}$$

となる．左辺は，ベクトル $\boldsymbol{P}_j$, $\boldsymbol{P}_k$ の内積を意味する．これより，3 点 P_i, P_j, P_k 間の距離が与えられると，ベクトルの内積が求められることになる．いま，左辺を b_{jk}, 求める座標値を a_{jq} (j は対象を表し，q は次元を表す) とすると，内積の性質より，$b_{jk} = \sum_{q=1}^{m} a_{jq}a_{kq}$ で表される．b_{jk} を要素とする行列は対称行列であるので，因子分析と同じ方法によって，a_{jq} を求めることが可能になる．すなわち，b_{jk} を要素とする行列を $\boldsymbol{B}$, $\boldsymbol{B}$ の固有ベクトルからなる行列を $\boldsymbol{T}$, $\boldsymbol{B}$ の固有値を対角要素とする行列を $\boldsymbol{\Lambda}$ とすると，$\boldsymbol{T}^t\boldsymbol{B}\boldsymbol{T} = \boldsymbol{\Lambda}$ が成り立つ．これより，$\boldsymbol{A} = \boldsymbol{T}\boldsymbol{\Lambda}^{1/2}$ が得られる．与えられた距離が，絶対距離の場合は，この方法によって対象の座標値が求められるが，与えられた距離が，相対距離（任意の地点をもとに定められた距離）の場合は，以下のように変換を行う．

$$a_{jq}^* = a_{jq} - c_q \tag{4-3}$$

ただし，$c_q = \sum_{j=1}^{n} a_{jq}/n$ である．$b_{jk}^* = \sum_{q=1}^{m} a_{jq}^* a_{kq}^*$ に，$a_{jq}^* = a_{jq} - c_q$ を代入すると，

$$b_{jk}^* = \left(\sum_{j=1}^{n} d_{jk}^2/n + \sum_{k=1}^{n} d_{jk}^2/n - \sum_{j=1}^{n}\sum_{k=1}^{n} d_{jk}^2/n^2 - d_{jk}^2\right)/2 \tag{4-4}$$

を得る．これを**ヤング・ハウスホルダー変換**と呼ぶ．b_{jk}^* より，

$$A^* = T^*(\Lambda^*)^{1/2} \tag{4-5}$$

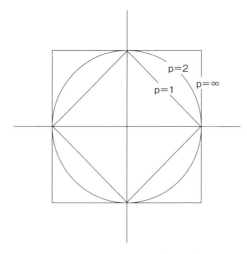

図 4-2　ミンコフスキーのパワー距離

を求めることができる．ただし，T^* は，b^*_{jk} を要素とする行列 B^* の固有ベクトルからなる行列，Λ^* は B^* の固有値を対角要素とする行列である．すべての対象を実ユークリッド空間内におさめることができれば，λ は，非負（$\lambda \geqq 0$）となるが，実際には，$\lambda < 0$ となる場合は生じる．上の例では，距離を求める方法として，三平方の定理を使用してユークリッド空間における距離の算出方法を説明したが，通常 MDS では，より一般的な距離を仮定している．それによると，2点間の距離は，

$$d_{jk} = (\sum_{q=1}^{m} |a_{jq} - a_{kq}|^p)^{1/p} \tag{4-6}$$

によって表される．これは**ミンコフスキーのパワー距離**と呼ばれるもので，$p = 1$ の場合を**市街地距離**，$p = 2$ の場合が**ユークリッド距離**，$p = \infty$ の場合を**ドミナンス距離**と呼ぶ（図4-2参照）．

2）非計量的 MDS

非計量的 MDS の場合は，上述したように，データは距離データでなくてもよい．距離に対応する非類似度データや対象間の相関データあるいは，より一般的に類似度データであってもよい．計量的 MDS が，間隔尺度以上のレベルのデータを対象にしているのに対し，非計量的 MDS は，順序尺度のデータも対象にしている．非計量的 MDS では，データとして与えられる2点間の非類似度あるいは類似度と非計量的 MDS によって得られた座標値をもとにして計算された2点間の距離との間に単調関係を仮定することによって，対象の座標値を求める．図4-3に示すように，横軸を非計量的 MDS によって得られた2点間の距離（d_{jk}），縦軸を非類似度（δ_{jk}）としたときの，単調関数上の値を $\hat{d}_{jk}$ とすると，

$$S = \sqrt{\sum_{j=1}^{n-1} \sum_{k=2, j<k}^{n} (d_{jk} - \hat{d}_{jk})^2 / \sum_{j=1}^{n-1} \sum_{k=2, j<k}^{n} (d_{jk} - \overline{d})^2}$$

$$\text{ただし，} \overline{d} = \sum_{j=1}^{n-1} \sum_{k=2, j<k}^{n} d_{jk} / {}_nC_2 \tag{4-7}$$

を最小にするように，対象の座標値を決定する．S を**ストレス**（stress）と呼び，適合度の指標である．S が小さいほど，得られた座標値はもとのデータをよく再現することを意味する．ストレ

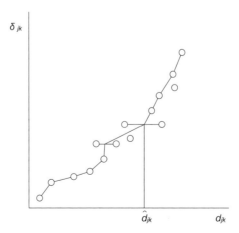

図 4-3　データとして与えられた非類似度（δ_{jk}）と非計量的 MDS によって得られた距離（d_{jk}）との関係。$\hat{d}_{jk}$ は，単調関数上の点の距離を示す．

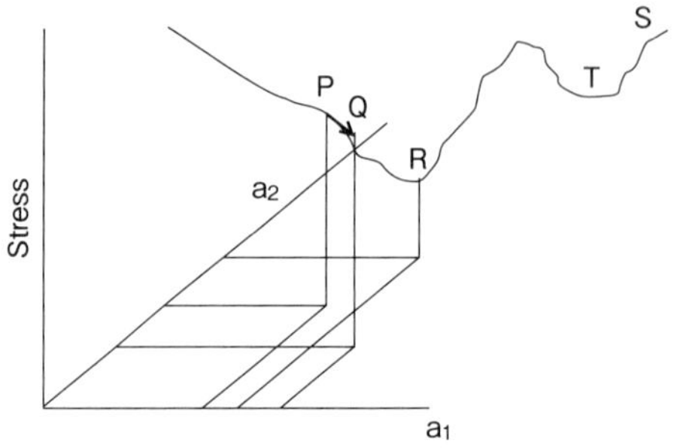

図4-4 最急降下法

スが最小となる座標値を決定するにあたり，アルゴリズムとして**最急降下法**が使用される。すなわち，座標値の初期値をもとにして，ストレスを計算し，ストレスが最も小さくなる方向に座標値を変更してゆくのである。図4-4に示されるように，第1, 2軸を座標値，第3軸をストレス値としたとき，現地点Pから，ストレスを最小にする方向を選び，矢印が示す方向（地点Q）に移動してゆく。このとき，矢印が示す方法は，山の傾斜が最も急な方法であるので，この方法は**最急降下法**と呼ばれるわけである。移動の方向が決まったならば，次はどれくらい移動するのか，そのステップサイズも決めなければならない。最急降下法の場合，初期値をどのように設定するかが，ストレスの最小値を決めることに関わってくる。図中に示されるような地点Sに初期値を設定すると，最急降下法のアルゴリズムでは，地点Tに収束してしまい，実際にはR地点が最小地点であるにもかかわらず，地点Tを最小値とみなしてしまう可能性が生じる。これを**ローカルミニマム**（local minimum）と呼ぶ。ローカルミニマムに陥らないためには，正しい初期値を設定する必要が生じる。しかしながら，分析を始める前に，正しい初期値は通常不明であるので，さまざまな地点を初期値として出発する方法や，計量的MDSをまず適用して，それによって得られた解を初期値として採用する方法が考えられる。また，非計量的MDSでは，座標値をもとにして距離を計算する必要があるので，次元数を前もって決めておく必要がある。次元数が前もってわからない場合は，いくつかの次元数をもとに各次元数でのストレスを計算し，ストレスが最小となる次元数を選べばよい。

3）個人差を考慮にいれた INDSCAL

個人差を考慮に入れたINDSCALは，2点間のユークリッド距離を定義する際に，次元ごとに重みづけを行うことによって，距離を定義する。2点P_j, P_k間の距離d_{jk}は，INDSCALでは，

$$d_{ijk} = \sqrt{\sum_{q=1}^{m} w_{iq}(x_{qj} - x_{qk})^2} \qquad (4\text{-}8)$$

と定義される。ただし，d_{ijk}は，個人iの2点P_j, P_k間の距離，w_{iq}は個人iの次元qにおける重みづけ，qは1から次元数mまで変わり，そして，$w_{qi} \geq 0$である。重みづけw_{qi}は，(4-8)式の両辺を2乗して，d^2_{jki}を被説明変数，$(x_{qj} - x_{qk})^2$を説明変数とした定数項のない重回帰分析の偏回帰係数として求めることができる。

$$d^2_{ijk} = w_{i1}(x_{1j} - x_{1k})^2 + w_{i2}(x_{2j} - x_{2k})^2 + \cdots + w_{iq}(x_{qj} - x_{qk})^2 \qquad (4\text{-}9)$$

2. MDS と因子分析との関係

　計量的 MDS においては，入力データは距離データで，対象間の距離行列の固有値，固有ベクトルをもとにして，対象の座標値を算出してゆく。因子分析の場合のように，入力データが対象間の相関行列の場合は，得られた対象の座標値である因子負荷量は，項目と因子との相関係数を意味するが，計量的 MDS の場合に，入力データが対象間の距離行列の場合は，得られた座標値は，因子負荷量のような意味はない。よって，座標値が，-1 から 1 の間に制限されない。また，距離の最大値を 1 にすることによって，距離行列の数値を 0 と 1 の間に制限しても，因子負荷量と同じにはならない。よって，MDS によって算出された固有値の値は，因子の寄与率にはならない。これは，非計量的 MDS の場合においても同様である。

3. R で MDS

　R 言語では，計量的 MDS のための関数として，関数 cmdscale が準備されている。d を距離行列，k を次元数とするとき，

```
> cmdscale(d, k)
```

によって実行される。また，距離行列の固有値も出力する場合には

```
>cmdscale(d,eig=T,K)
```

とすればよい．

　今，10 個の対象の座標値を表 4-1 に示す値とする。この 10 個の対象間の距離を関数 dist によって計算し，$k = 2$ として，実行すると，以下の出力を得る。

表 4-1　10 個の対象の座標値

	X_1	X_2
1	2.4	7.7
2	1.7	6.8
3	3.1	6.9
4	5.9	7.5
5	5.1	6.2
6	6.3	6.4
7	2.9	3.4
8	3.8	2.7
9	2.4	2.4
10	3.6	1.3

```
> x <- matrix(scan("data-mds1.txt"),ncol=2,byrow=T)
```

```
Read 20 items
> x
       [,1]  [,2]
 [1,]   2.4   7.7
 [2,]   1.7   6.8
 [3,]   3.1   6.9
 [4,]   5.9   7.5
 [5,]   5.1   6.2
 [6,]   6.3   6.4
 [7,]   2.9   3.4
 [8,]   3.8   2.7
 [9,]   2.4   2.4
[10,]   3.6   1.3
> d <- dist(x)
> d
          1        2        3        4        5        6        7        8        9
2  1.140175
3  1.063015 1.403567
4  3.505710 4.257934 2.863564
5  3.088689 3.452535 2.118962 1.526434
6  4.110961 4.617359 3.238827 1.170470 1.216553
7  4.328972 3.605551 3.505710 5.080354 3.560899 4.534314
8  5.192302 4.606517 4.257934 5.239275 3.733631 4.465423 1.140175
9  5.300000 4.455334 4.554119 6.185467 4.661545 5.586591 1.118034 1.431782
10 6.511528 5.818935 5.622277 6.612866 5.124451 5.770615 2.213594 1.414214 1.627882
> plot(x,type="n")
> text(x,labels=c(1:10))
```

表 4-2 10 個の対象の対象間距離行列

	1	2	3	4	5	6	7	8	9	10
1	0	1.14	1.06	3.51	3.09	4.11	4.33	5.19	5.3	6.51
2	1.14	0	1.4	4.26	3.45	4.62	3.61	4.61	4.46	5.82
3	1.06	1.4	0	2.86	2.12	3.24	3.51	4.26	4.55	5.62
4	3.51	4.26	2.86	0	1.53	1.17	5.08	5.24	6.19	6.61
5	3.09	3.45	2.12	1.53	0	1.22	3.56	3.73	4.66	5.12
6	4.11	4.62	3.24	1.17	1.22	0	4.53	4.47	5.59	5.77
7	4.33	3.61	3.51	5.08	3.56	4.53	0	1.14	1.12	2.21
8	5.19	4.61	4.26	5.24	3.73	4.47	1.14	0	1.43	1.41
9	5.3	4.46	4.55	6.19	4.66	5.59	1.12	1.43	0	1.63
10	6.51	5.82	5.62	6.61	5.12	5.77	2.21	1.41	1.63	0

この行列 d を cmdscale の引数，$k = 2$ として，cmdscale を実行すると以下の結果を得る。

```
> cmdscale(d, 2)
           [,1]         [,2]
 [1,]  -2.205360   -1.8664644
 [2,]  -1.170489   -2.3450491
 [3,]  -1.584178   -1.0038326
 [4,]  -2.801215    1.5882362
 [5,]  -1.354094    1.1026007
 [6,]  -1.820016    2.2263965
 [7,]   1.870523   -0.4079771
 [8,]   2.349107    0.6268932
 [9,]   2.957626   -0.6691412
[10,]   3.758097    0.7483376
> plot(cmdscale(d,2),type="n")
> text(cmdscale(d,2),labels=c(1:10))
```

表 4-3 計量的 MDS によって算出された 10 個の対象の座標値（行：対象；列：軸）

	1	2
	−2.20536	−1.86646
2	−1.17049	−2.34505
3	−1.58418	−1.00383
4	−2.80122	1.58824
5	−1.35409	1.10260
6	−1.82002	2.22640
7	1.87052	−0.40798
8	2.34911	0.62689
9	2.95763	−0.66914
10	3.75810	0.74834

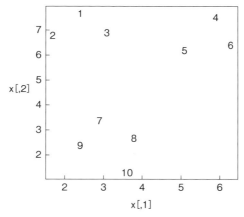

図 4-5 表 4-1 で示された 10 個の対象の空間配置

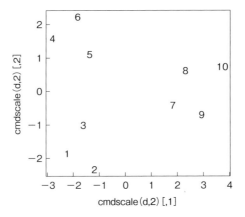

図 4-6　関数 cmdscale で得られた 10 個の対象の空間配置

　表 4-1 で示された座標値をもとに 10 個の対象をプロットすると，図 4-5 を得る。図 4-5 と図 4-6 を比較すると 10 個の座標値は異なるが，10 個の対象の距離関係は，同じである。すなわち，計量 MDS によって，もとの対象の布置は再現されたことになる。

　R 言語では，非計量的 MDS の関数として関数 isoMDS が準備されている。引数は，非類似度行列 d，初期座標値 y，次元数 k である。これらをもとに，

```
> library(MASS)
> isoMDS(d,cmdscale(d,2),2)
initial  value 0.000000
final  value 0.000000
converged
$points
          [,1]         [,2]
 [1,]  -2.205360  -1.8664644
 [2,]  -1.170489  -2.3450491
 [3,]  -1.584178  -1.0038326
 [4,]  -2.801215   1.5882362
 [5,]  -1.354094   1.1026007
 [6,]  -1.820016   2.2263965
 [7,]   1.870523  -0.4079771
 [8,]   2.349107   0.6268932
 [9,]   2.957626  -0.6691412
[10,]   3.758097   0.7483376


$stress
[1] 1.127661e-13
```

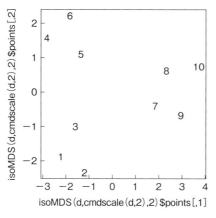
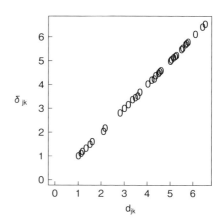

図 4-7 cmdscale で得られた座標値を初期値とした isoMDS で得られた 10 個の対象の空間配置（左図）およびもとの距離データと isoMDS によって得られた距離データとの関係（右図）

```
> plot(isoMDS(d,cmdscale(d,2),2)$points,type="n")
> text(isoMDS(d,cmdscale(d,2),2)$points,labels=1:10)
```

を実行すればよい。library（MASS）は，関数 isoMDS が保管されているパッケージ MASS を呼び込む手続きである。表 4-1 の距離行列を非計量的 MDS に入力すると，どのような結果が得られるであろうか。計量的 MDS は，非計量的 MDS の特殊な場合であると考えられるので，計量的 MDS と同じ解に到達すると考えられる。図 4-7 は，計算 MDS で得られた座標値を初期値として，次元数を 2 とした非計量的 MDS によって得られた 10 個の対象の空間配置である。これは，図 4-6 と一致する。図 4-7 右図には，非計量的 MDS によって，最終的に得られた 10 個の対象の空間配置をもとにして計算された 10 個の対象間の距離（d_{jk}）とデータとして与えられた 10 個の対象間の距離（δ_{jk}）との関係をプロットしたものである。両者は，直線的な関係にある。このときのストレスは，0 である。このように，本来間隔尺度以上のレベルの距離データを非計量的 MDS に入力すると，データと非計量的 MDS によって得られた対象間の距離との単調関数は，直線になるのである。次に，初期値として，表 4-1 の座標値を使用すると，どのような結果が得られるのであろうか。図 4-7 左図と図 4-8 左図を比較すると，10 個の対象間の距離関係は同一で

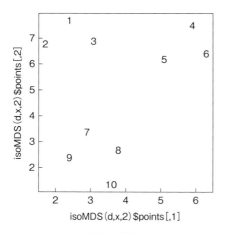
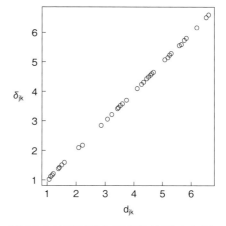

図 4-8 表 4-1 の座標値を初期値とした isoMDS によって得られた 10 個の対象の空間配置（左図）およびもとの距離データと isoMDS によって得られた距離データとの関係（右図）

あるものの，座標軸の設定が異なる。初期値を設定したときの方が，本来の座標軸を再現していることが伺える。また，このときのストレスは，0である。同じ空間布置を再現する座標軸の設定は，無限に存在するので，図4-7と図4-8は，その一例である。

```
> plot(isoMDS(d,x,2)$points,type="n")
> text(isoMDS(d,x,2)$points,labels=1:10)
```

図4-6の空間布置の座標値を初期値として，表4-2のデータを非計量的MDSに入力した場合には最終的な空間布置は，図4-8左図に示すようになり，座標軸が図4-7と比較すると若干異なる。また，図4-7右図に示すようにもとの距離データと非計量的MDSによって得られたデータとの関係は直線関係になる。

個人差を考慮に入れたINDSCALでは，個人iの2点j, k間の距離d_{ijk}は，式（4-9）のように表されるので，これをもとに重みづけw_{ip}を推定する関数indscal4を以下のように定義する。引数は，対象間距離行列dと対象の物理的座標値xyvaluesである。

```
#####indscal4#####
indscal4 <- function(d, xyvalues){
p <- ncol(xyvalues)
n <- nrow(xyvalues)
d <- as.matrix(d)
d1 <- c(d[col(d) < row(d)])
y <- matrix(0, nrow=(n*(n-1)/2), ncol=p)
weight <- 0
for(i in 1:p){
y[,i] <- c(dist(xyvalues[,i])^2)}
weight <- lsfit(y, d1^2, intercept=F)$coef
list(weight=round(weight, 2), sqrt.weight=round(sqrt(weight), 2))
}
################
```

表4-1の10個の対象の座標値に関して，第1軸を2倍，第2軸を4倍した座標値をもとに対象間の距離行列を作成し，indscal4を実行する。

```
> xy
       [,1]  [,2]
 [1,]  2.4   7.7
 [2,]  1.7   6.8
 [3,]  3.1   6.9
 [4,]  5.9   7.5
 [5,]  5.1   6.2
 [6,]  6.3   6.4
```

表 4-4 7つの山手線間の物理的距離（新宿と渋谷間の距離＝1）

	新宿	渋谷	品川	東京	上野	巣鴨	池袋
新宿	0	1	2.35	1.76	3.06	1.76	1.35
渋谷	1	0	1.47	1.94	2.71	2.65	2.29
品川	2.35	1.47	0	1.82	2.94	3.41	3.53
東京	1.76	1.94	1.82	0	1.18	1.82	1.88
上野	3.06	2.71	2.94	1.18	0	1	1.76
巣鴨	1.76	2.65	3.41	1.82	1	0	0.82
池袋	1.35	2.29	3.53	1.88	1.76	0.82	0

```
 [7,]    2.9    3.4
 [8,]    3.8    2.7
 [9,]    2.4    2.4
[10,]    3.6    1.3
```

```
> xy24
         [,1]     [,2]
 [1,]    4.8     30.8
 [2,]    3.4     27.2
 [3,]    6.2     27.6
 [4,]   11.8     30.0
 [5,]   10.2     24.8
 [6,]   12.6     25.6
 [7,]    5.8     13.6
 [8,]    7.6     10.8
 [9,]    4.8      9.6
[10,]    7.2      5.2
> d <- dist(xy24)
> indscal4(d, xy)
$weight
X1 X2
 4 16
$sqrt.weight
X1 X2
 2  4
```

　重みづけ w_{ip} は，$(x_{pj} - x_{pk})^2$ の係数であるので，平方根を取ると，2，4 となり，第1軸の重みづけが2，第2軸の重みづけが4ともとの重みづけを再現する。

　表4-4は，東京の山手線の中の7つの駅間の物理的距離（新宿と渋谷間の距離を1とする）を示す。これに対して，表4-5は，4人の実験参加者に基づく山手線7駅間の認知的距離（新宿と渋谷間の距離＝1）の平均値を示す。

表 4-5　7つの山手線間の認知的距離の平均（新宿と渋谷間の距離＝ 1）

	新宿	渋谷	品川	東京	上野	巣鴨	池袋
新宿	0	1	3.12	3.88	4.62	4.25	2.88
渋谷	1	0	1.88	3.25	3.75	3.62	2.95
品川	3.12	1.88	0	2	2.9	3.33	3.25
東京	3.88	3.25	2	0	1.32	2.33	3.62
上野	4.62	3.75	2.9	1.32	0	1.43	2.3
巣鴨	4.25	3.5	3.33	2.33	1.43	0	2.15
池袋	2.88	2.95	3.25	3.62	2.3	2.15	0

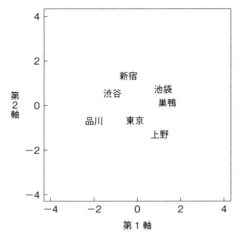

図 4-9　山手線 7 駅の物理的配置

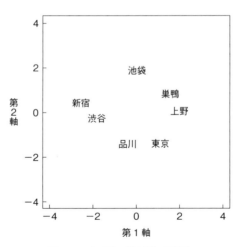

図 4-10　山手線 7 駅の認知的配置

　図 4-9 は表 4-4 の山手線 7 駅間の物理的距離（d_0）をもとに計量 MDS によって座標値を算出し，7 駅をプロットした物理的配置である。そして，右方向が北の方角に対応する。図 4-10 は，表 4-5 の山手線 7 駅間の認知的距離（d）をもとに計量 MDS を使用して得た認知的配置である。この場合は，上方向が北の方角に対応する。MDS によって得られる座標値は，任意に決まるので，図 4-9，4-10 のように方角が対応しないことがある。2 つの図を比較するときには，頭の中で図を回転して比較するか，原点移動と座標軸の回転によって同一の座標軸で比較することにな

る。重要なことは，MDS では座標軸は任意に決まるので，得られた空間配置の方向が異なるので，2つの配置は異なったものと考えることはできないということである。

7駅の物理的座標値を values とし，7駅間の認知的距離の平均の行列（d）をもとに，indscal4 を実行すると以下の出力を得る。結果として得られた重みづけの平方根より，認知的布置は，物理的布置の横軸を 1.02 倍，縦軸を 1.63 倍した布置となる。この変換によって山手線7駅の認知的布置は物理的布置（楕円的）よりもより円形的に変化したことがうかがえる。

```
> values<-cmdscale(d0)
> indscal4(d, values)
$weight
   X1   X2
 1.05 2.65


$sqrt.weight
   X1   X2
 1.02 1.63
```

5 Rでクラスター分析

1. クラスター分析の考え方

1) 階層的クラスター分析について

　クラスター分析は，空間内に配置された対象の距離をもとにして，対象を幾つかのクラスターにまとめてゆく手法である。その際に，**樹形図（デンドログラム）**を用いて，階層的にクラスターを構成してゆくか，あるいは**シード**を用いて非階層的にクラスターを構成してゆくかによって**階層的クラスター分析**と**非階層的クラスター分析**に分類される。階層的クラスター分析においては，対象の空間的布置をもとにして，各対象間の距離を計算してゆく。そして，それらの距離をもとにしてクラスターを構成してゆくのであるが，クラスター間の距離の定義の仕方によって，**最短距離法**（single），**最長距離法**（complete），**群平均法**（average），**重心法**（centroid），**ウォード法**（ward）などの幾つかの方法が存在する。いま，クラスター w がクラスター u とクラスター v からなる場合の，クラスター w とクラスター t の距離について考えてみよう。

　図 5-1 左図において，最短距離法の場合であれば，2 つのクラスター w と t 間の距離 d_{wt} は，

$$d_{wt} = \min(d_{ut}, d_{vt}) \tag{5-1}$$

によって定義される。すなわち，クラスター w とクラスター t との距離は，クラスター t とクラスター w を構成するサブクラスターとの距離のうち，最小の距離を求めるクラスターの距離とするのである。図 5-1 左図の場合であれば，クラスター t とクラスター u 間の距離の方がクラスター t とクラスター v 間の距離よりも短いので，クラスター t とクラスター w 間の距離は，クラスター t とクラスター u 間の距離によって定義される。クラスター t もサブクラスターからなる場合（図 5-1 右図）は，クラスター t のサブクラスターとクラスター w のサブクラスターの距離との距離のうち，最小の距離を求める距離とするのである。図 5-1 右図の場合であれば，クラスター q とクラスター u 間の距離がクラスター w とクラスター t 間の距離として定義される。最長距

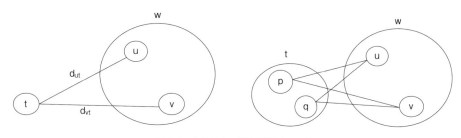

図 5-1　クラスター間の距離について

離法の場合は，

$$d_{wt} = \max(d_{ut}, d_{vt}) \tag{5-2}$$

となる。この場合は，クラスター t とクラスター w のサブクラスターのうち，最大距離を求める距離とするということである。群平均法の場合には，

$$d_{wt} = (n_u d_{ut} + n_v d_{vt})/(n_u + n_v) \tag{5-3}$$

で定義される。n_u, n_v は，サブクラスター u および v に含まれる対象の数を表す。すなわち，クラスター t からクラスター w のすべてのサブクラスターまでの距離の重み付け平均である。

重心法の場合は，クラスター t とクラスター w の中心間の距離として定義され，クラスター w とクラスター t の距離は以下のように定義される。

$$d_{wt} = n_u d_{ut}/(n_u + n_v) + n_v d_{vt}/(n_u + n_v) - n_u n_v d_{uv}/(n_u + n_v)^2 \tag{5-4}$$

最後に，ウォード法の場合は，クラスターを統合する際に，クラスター間の距離を用いずに，偏差平方和を使用する。たとえば，クラスターが5つ存在する時点で，クラスターを1つ統合して，4つのクラスターにする場合，可能なすべての組み合わせを考えて，その中で偏差平方和を最小にするクラスターを統合してゆくのである。偏差平方和は，変数の分散が影響を与えるので，各変数を標準化してからウォード法を使用するという方法がしばしばとられている。

最短距離法の場合を例にとり，どのようにしてクラスター間の距離が定義されるか考えてみよう。いま，10個の対象が表5-1aに定義される座標値が与えられているとしよう。表5-1aをもとにして，対象間で最も距離の短いペアーを探す。最小距離は，対象1と3の距離である1.06となる（表5-1aの黒枠参照）。よって，まず，対象1と3をまとめて1つのクラスターとする。クラスターの番号は，対象の小さい方の番号を使用する。そして，クラスター内に含まれる対象を（ ）で示すことにしよう。すると，新しいクラスターは，1(3)として定義される。

次に，クラスター1(3)をもとにしてすべての対象間の距離を計算すると，表5-1bとなる。新しく計算され直した距離は，斜体で示されている。たとえば，クラスター1(3)と対象2の間の距離は，表5-1bをもとにして，対象1と2の距離，対象3と2の距離のうちの短い方の距離をもとにして定義される。表5-1bにおいて，最小距離は，対象7と9の距離1.12である。そこで，今度は，対象7と9を1つの新しいクラスター7(9)とする。そして，クラスター7(9)をもとにして，すべての対象間の距離を再計算すると，表5-1cを得る。ここにおいて，クラスター1(3)とクラスター7(9)の距離は，対象1と7，対象1と9，対象3と7，対象3と9の距離のうちの最小距離を2つのクラスター間の距離とする。表5-1aより，対象3と7の距離は3.51となる。以下同様にして，表5-1d，e，f，g，hを得る。

そして，これらの距離をもとにしてデンドログラム（樹形図）を作成すると，図5-2を得る。横軸は，最短距離法に基づくクラスターを示し，縦軸は，クラスター間のユークリッド距離を示す。たとえば，対象7，8，9からなるクラスターと対象10の距離は，これらが結合した地点（ノード）の縦座標で示され，その値は，1.41となる。図5-2より，10個の対象は，クラスター間距離を1.5とすると3つのクラスターからなることがうかがえる。対象1，2，3からなるクラスター，対象4，5，6からなるクラスター，対象7，8，9，10からなるクラスターである。そして，対象1，2，3からなるクラスターと対象4，5，6からなるクラスターがまとまり，さらに2つのクラスターとなることがうかがえる。クラスター分析においては，クラスター間距離をどのよう

表 5-1 10個の対象間のユークリッド距離

a

	1	2	3	4	5	6	7	8	9	10
1	0	1.14	1.06	3.51	3.09	4.11	4.33	5.19	5.3	6.51
2	1.14	0	1.4	4.26	3.45	4.62	3.61	4.61	4.46	5.82
3	1.06	1.4	0	2.86	2.12	3.24	3.51	4.26	4.55	5.62
4	3.51	4.26	2.86	0	1.53	1.17	5.08	5.24	6.19	6.61
5	3.09	3.45	2.12	1.53	0	1.22	3.56	3.73	4.66	5.12
6	4.11	4.62	3.24	1.17	1.22	0	4.53	4.47	5.59	5.77
7	4.33	3.61	3.51	5.08	3.56	4.53	0	1.14	1.12	2.21
8	5.19	4.61	4.26	5.24	3.73	4.47	1.14	0	1.43	1.41
9	5.3	4.46	4.55	6.19	4.66	5.59	1.12	1.43	0	1.63
10	6.51	5.82	5.62	6.61	5.12	5.77	2.21	1.41	1.63	0

b

	1(3)	2	4	5	6	7	8	9	10
1(3)	0	1.14	2.86	2.12	3.24	3.51	4.26	4.55	5.62
2	1.14	0	4.26	3.45	4.62	3.61	4.61	4.46	5.82
4	2.86	4.26	0	1.53	1.17	5.08	5.24	6.19	6.61
5	2.12	3.45	1.53	0	1.22	3.56	3.73	4.66	5.12
6	3.24	4.62	1.17	1.22	0	4.53	4.47	5.59	5.77
7	3.51	3.61	5.08	3.56	4.53	0	1.14	1.12	2.21
8	4.26	4.61	5.24	3.73	4.47	1.14	0	1.43	1.41
9	4.55	4.46	6.19	4.66	5.59	1.12	1.43	0	1.63
10	5.62	5.82	6.61	5.12	5.77	2.21	1.41	1.63	0

c

	1(3)	2	4	5	6	7(9)	8	10
1(3)	0	1.14	2.86	2.12	3.24	3.51	4.26	5.62
2	1.14	0	4.26	3.45	4.62	3.61	4.61	5.82
4	2.86	4.26	0	1.53	1.17	5.08	5.24	6.61
5	2.12	3.45	1.53	0	1.22	3.56	3.73	5.12
6	3.24	4.62	1.17	1.22	0	4.53	4.47	5.77
7(9)	3.51	3.61	5.08	3.56	4.53	0	1.14	1.63
8	4.26	4.61	5.24	3.73	4.47	1.14	0	1.41
10	5.62	5.82	6.61	5.12	5.77	1.63	1.41	0

d

	1(3,2)	4	5	6	7(9,8)	10
1(3,2)	0	2.86	2.12	3.24	3.51	5.62
4	2.86	0	1.53	1.17	5.08	6.61
5	2.12	1.53	0	1.22	3.56	5.12
6	3.24	1.17	1.22	0	4.47	5.77
7(9,8)	3.51	5.08	3.56	4.47	0	1.41
10	5.62	6.61	5.12	5.77	1.41	0

e

	1(3,2)	4(6)	5	7(9,8)	10
1(3,2)	0	*2.86*	2.12	3.51	5.62
4(6)	*2.86*	0	**1.22**	4.47	*5.77*
5	2.12	1.22	0	3.56	5.12
7(9,8)	3.51	4.47	3.56	0	1.41
10	5.62	*5.77*	5.12	1.41	0

f

	1(3,2)	4(6,5)	7(9,8)	10
1(3,2)	0	*2.12*	3.51	5.62
4(6,5)	*2.12*	0	*3.56*	*5.12*
7(9,8)	3.51	3.56	0	**1.41**
10	5.62	*5.12*	1.41	0

g

	1(3,2)	4(6,5)	7(9,8,10)
1(3,2)	0	**2.12**	*3.51*
4(6,5)	2.12	0	*3.56*
7(9,8,10)	*3.51*	3.56	0

h

	1(3,2,4,6,5)	7(9,8,10)
1(3,2,4,6,5)	0	**3.51**
7(9,8,10)	3.51	0

に定義するかによって，クラスター数が決まってくる．図5-2の場合であれば，クラスター数を決める際に，クラスター間の距離が1.5以上離れているときは，別のクラスターであると定義すると，クラスター数は3となり，クラスター間の距離を2.5以上とすると，クラスター数は，2となる．図5-3には，重心法，群平均法，ウォード法，最長距離法に基づくデンドログラムが示されている．図5-2と比較して，距離の定義が異なると，いうまでもなくデンドログラムにも違いが生じることがうかがえる．

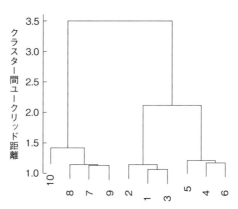

図5-2　最短距離法に基づくデンドログラム

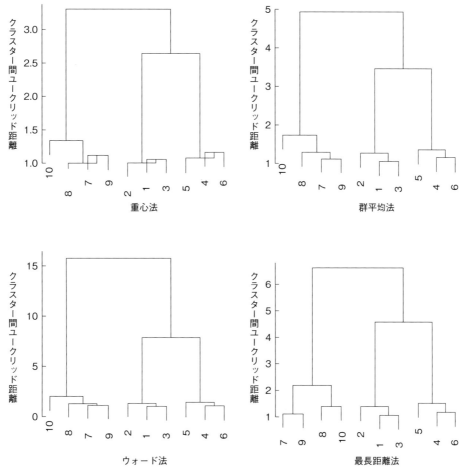

図5-3 重心法(centroid),群平均法(average),ウォード法(ward),最長距離法(complete)に基づくデンドログラム

2) 非階層的クラスター分析について

　非階層的クラスター分析においては,クラスター間の階層構造を考えない。その代わりにクラスターを形成する核となる対象(シードと呼ぶ)を設定し,それを手がかりにしてクラスターを構成してゆく。このシードの数が,クラスター数となる。非階層的クラスター分析としては,**K-means法**と**ISODATA法**が知られているので,これらについて説明をする。K-means法の場合は,シード以外の対象を1つずつ選び,シードとの間の距離を計算し,最も近いシードのクラスターにその対象を分類する。その際,距離が基準とする距離(T)よりも大きければ,新しいシードとする。次に,クラスターの重心を計算し,その重心と他のクラスターの重心との距離が基準Tよりも小さければ,クラスターを融合する。Tよりも大きければ,次の対象とシードとの間の距離を計算し,同じことを繰り返す。すべての対象の分類が終了後,各クラスターの重心を新たなシードとして,再び同じことを繰り返す。ISODATA法の場合は,シードを設定後,各対象を最も近いシードのクラスターに割り当て,全対象をシードの個数のクラスターに分類する。クラスターの重心を新たなシードとして,各対象を再び割り当て,クラスターに分類する。収束条件を定めておき,それを満たすか,あるいは,ある繰り返し数まで同じ処理を行う。そして,最後にクラスターの融合と分割をある基準によって行う。

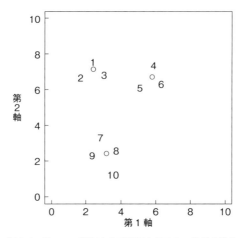

図 5-4　K-menas 法による非階層クラスター分析の出力

　表 5-1 の 10 個の対象の座標値と，対象 1，4，7 の座標値をシードとして，K-means 法を実行すると，図 5-4 に示されるような出力を得る．図中の丸が，最終的なクラスターの中心である．各対象は，最も近いクラスターの中心があるクラスターに所属する．これより，対象 1，2，3 からなるクラスター，対象 4，5，6 からなるクラスター，対象 7，8，9，10 からなるクラスターに分類される．

2. R でクラスター分析

　R 言語では，階層的クラスター分析には，関数 hclust，plot，cutree，非階層的クラスター分析には関数 kmeans が用意されている．関数 hclust の引数は d，method で，d は対象間の距離行列，method は，クラスター間の距離を計算する方法の指定で，single（最短距離法），complete（最長距離法），average（群平均法），centroid（重心法），ward（ウォード法）がある．関数 plot はデンドログラムを出力する関数で，関数 cutree は樹形図の枝を切る方法で，クラスター数（k）あるいはクラスター間距離（h）で枝を切り，各対象をクラスターに分類する．非階層的クラスター分析には，関数 kmeans が用意されている．関数 kmeans の引数は，x と center で，x はすべての対象の座標値，center は，シードの座標値を意味する．以下に例を示す．

〈例 1〉階層的クラスター分析（入力データが座標値の場合）

```
> xy <- matrix(scan("data-xyvalues.txt"), ncol=2, byrow=T)
Read 20 items
> xy
      [,1]  [,2]
[1,]  2.4   7.7
[2,]  1.7   6.8
[3,]  3.1   6.9
[4,]  5.9   7.5
[5,]  5.1   6.2
[6,]  6.3   6.4
```

```
[7,]  2.9  3.4
[8,]  3.8  2.7
[9,]  2.4  2.4
[10,] 3.6  1.3
> plot(hclust(dist(xy), method="average"))
> cutree(hclust(dist(xy), method="average"), k=3)
 [1] 1 1 1 2 2 2 3 3 3 3
> cutree(hclust(dist(xy), method="average"), h=4)
 [1] 1 1 1 1 1 1 2 2 2 2
```

〈例2〉階層的クラスター分析(入力データが距離行列の場合)

```
> d <- matrix(scan("data-dst.txt"), ncol=10, byrow=T)
Read 100 items
> d
       [,1]  [,2]  [,3]  [,4]  [,5]  [,6]  [,7]  [,8]  [,9] [,10]
 [1,]  0.00  1.14  1.06  3.51  3.09  4.11  4.33  5.19  5.30  6.51
 [2,]  1.14  0.00  1.40  4.26  3.45  4.62  3.61  4.61  4.46  5.82
 [3,]  1.06  1.40  0.00  2.86  2.12  3.24  3.51  4.26  4.55  5.62
 [4,]  3.51  4.26  2.86  0.00  1.53  1.17  5.08  5.24  6.19  6.61
 [5,]  3.09  3.45  2.12  1.53  0.00  1.22  3.56  3.73  4.66  5.12
 [6,]  4.11  4.62  3.24  1.17  1.22  0.00  4.53  4.47  5.59  5.77
 [7,]  4.33  3.61  3.51  5.08  3.56  4.53  0.00  1.14  1.12  2.21
 [8,]  5.19  4.61  4.26  5.24  3.73  4.47  1.14  0.00  1.43  1.41
 [9,]  5.30  4.46  4.55  6.19  4.66  5.59  1.12  1.43  0.00  1.63
[10,]  6.51  5.82  5.62  6.61  5.12  5.77  2.21  1.41  1.63  0.00
> plot(hclust(as.dist(d), method="average"))
> cutree(hclust(as.dist(d), method="average"), h=3)
 [1] 1 1 1 2 2 2 3 3 3 3
```

〈例3〉非階層的クラスター分析(kmeans法:シードは対象1, 4, 7)

```
> xy <- matrix(scan("data-xyvalues.txt"), ncol=2, byrow=T)
Read 20 items
> xy
      [,1]  [,2]
 [1,] 2.4  7.7
 [2,] 1.7  6.8
 [3,] 3.1  6.9
 [4,] 5.9  7.5
 [5,] 5.1  6.2
```

```
     [6,]   6.3    6.4
     [7,]   2.9    3.4
     [8,]   3.8    2.7
     [9,]   2.4    2.4
    [10,]   3.6    1.3
> center <- xy[c(1, 4, 7),]
> kmeans(xy, center)
K-means clustering with 3 clusters of sizes 3, 3, 4

Cluster means:
       [,1]         [,2]
1   2.400000     7.133333
2   5.766667     6.700000
3   3.175000     2.450000

Clustering vector:
 [1] 1 1 1 2 2 2 3 3 3 3

Within cluster sum of squares by cluster:
[1] 1.466667  1.726667  3.537500
 (between_SS / total_SS =  90.9 %)

Available components:
[1] "cluster"       "centers"      "totss"         "withinss"
[5] "tot.withinss"  "betweenss"    "size"
>
```

例1は，10個の対象の座標値を入力データ（xy）として，クラスター間距離の測定方法を群平均法（average）を使用した場合である。plot(hclust(dist(xy), method="average"))によって，樹形図を出力する。関数 dist(xy) によって，座標値をもとに対象間の距離を計算している。例2のように初めから距離行列（d）を入力データをする場合は，その距離行列変数を as.dist によって関数 hclust に適した形式に定義し直す。

```
    cutree(hclust(dist(xy), method="average"), k=3)
```

は，クラスター数を3として樹形図の枝を切る場合で，

```
    [1] 1 1 1 2 2 2 3 3 3 3
```

が出力される。対象1から3がクラスター1に属し，対象4から6がクラスター2，対象7から10がクラスター3に属する。cutree(hclust(dist(xy), method="average"), h=4) はクラスター間

距離をもとに樹形図の枝を切った場合である。樹形図の縦座標はクラスター間距離を意味するので，縦軸が 4 の箇所で切るとこの場合は，クラスター数が 2 となり，

```
[1] 1 1 1 1 1 1 2 2 2 2
```

が出力される。対象 1 から 6 までがクラスター 1，対象 7 から 10 までがクラスター 2 に属する。

例 3 の非階層的クラスター分析（kmeans 法）においては，シードを対象 1，4，7 としている。非階層的クラスター分析では，初期値としてのシードが決まっていることが必要である。まず，

```
> center <- xy[c(1, 4, 7),]
```

でシードを定義し，

```
> kmeans(xy, center)
```

によって kmeans 法を実行する。すると

```
K-means clustering with 3 clusters of sizes 3, 3, 4

Cluster means:
      [,1]     [,2]
1  2.400000 7.133333
2  5.766667 6.700000
3  3.175000 2.450000

Clustering vector:
 [1] 1 1 1 2 2 2 3 3 3 3
```

が得られる。クラスターの大きさが 3，3，4 の 3 つのクラスターにおいて，各クラスターの中心座標値が Cluster means によって表される。そして，Clustering vector によって，各対象が分類されたクラスターが出力される。

このように非階層的クラスターでは，まずシードを決めることが必要である。シードが決まっていないときは，階層的クラスター分析によって取りあえず初期分析を行い，その結果をもとにシードを決めればよい。

6 Rで判別分析

1. 判別分析の考え方

線形判別分析について

個人のデータから，その人があるグループに属しているかどうかを判別するような事態に日常生活においてしばしば遭遇する。たとえば，ある学生の入試成績をもとにその人が合格かどうかを判別する場合，ある人が腹痛を訴えたとき，それが虫垂炎かどうかを判別する場合，等々である。このような判別を統計的立場から行うのが判別分析で，**判別分析**は，**線形判別分析**と**非線形判別分析**に分類される。たとえば，図6-1において，個人Pが，グループ1に属するのか，それともグループ2に属するのかを判別する場合を考えてみよう。グループ1の中心座標は，$\bar{x}_1^{(1)}$, $\bar{x}_2^{(1)}$，グループ2の中心座標は$\bar{x}_1^{(2)}$, $\bar{x}_2^{(2)}$である。基本的には，点Pから各グループの中心までの距離を計算し，距離が短い方のグループを求めるグループと考えればよいのであるが，図6-1のように，2つ以上の変数を用いて判別をする場合は，変数間に相関関係が存在するときには距離の定義が通常の定義と異なり，**マハラノビスの距離**を使用する。

いま，図6-2のような状況を考えてみよう。変数x_1は，平均$\bar{x}_1$，分散s_1^2の分布に従い，変数x_2は，平均$\bar{x}_2$，分散s_2^2の分布に従うものとする。そして，変数x_1, x_2は独立で，相関係数は0である。このようなとき，点$P(x_1, x_2)$から，グループの中心までの距離を計算するには，変数毎に標準化を行い，そして，それをもとに距離を計算すればよい。求める距離をDとすると，

$$D^2 = \{(x_1 - \bar{x}_1)/s_1\}^2 + \{(x_2 - \bar{x}_2)/s_2\}^2 \tag{6-1}$$

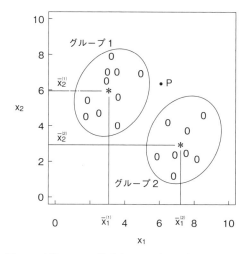

図6-1　変数x_1, x_2に基づく2つのグループの空間的配置

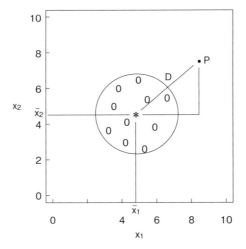

図 6-2　変数 x_1, x_2 が独立のときの，点 P からグループの中心までの距離

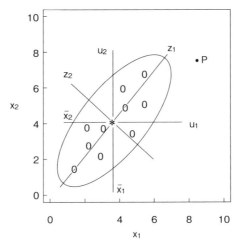

図 6-3　変数 x_1, x_2 の間に相関があるときの，点 P からグループの中心までの距離

となる。しかしながら，図 6-3 のような場合，すなわち，変数 x_1, x_2 が互いに独立ではなく，相関があるとき，まず，グループの中心を通る座標軸 u_1, u_2 を設定し，さらに，図に示すような z_1, z_2 軸を導入し，x_1 と x_2 の間の相関関係を除去した後に，距離を求めることになる（ただし，u_1, u_2 軸に変換したとき，x_1, x_2 は標準得点に変換されるので，散布図が変化することに注意すること）。z_1, z_2 軸をもとにして，点 P からグループの中心までの距離を求めることになる。このとき，

$$u_1 = (x_1 - \bar{x}_1)/s_1$$
$$u_2 = (x_2 - \bar{x}_2)/s_2$$
$$z_1 = (u_1 - u_2)/\sqrt{2}$$
$$z_2 = (u_1 + u_2)/\sqrt{2}$$

とすると，

$$\overline{z}_1 = \overline{z}_2 = 0 \tag{6-2}$$

$$s_{z1}^2 = 1 - r \tag{6-3}$$

$$s_{z2}^2 = 1 + r \tag{6-4}$$

となる。このもとで，距離を計算すると，

$$\begin{aligned} D^2 &= \{z_1^2/s_{z1}^2\} + \{z_2^2/s_{z2}^2\} \\ &= (u_1^2 + u_2^2 - 2ru_1u_2)/(1 - r^2) \end{aligned} \tag{6-5}$$

となる。このようにして定義された距離 D を**マハラノビスの距離**と呼ぶ。一般的に，判別変数が p 個ある場合は，マハラノビスの距離は，以下のようにして算出される。

$$D^2 = \boldsymbol{u}^t \boldsymbol{R}^{-1} \boldsymbol{u} = (\boldsymbol{x} - \overline{\boldsymbol{x}})^t \Sigma^{-1} (\boldsymbol{x} - \overline{\boldsymbol{x}}) \tag{6-6}$$

ただし，

$$\boldsymbol{u} = \begin{bmatrix} u_1 \\ u_2 \\ \cdot \\ \cdot \\ u_p \end{bmatrix} \quad \boldsymbol{x} = \begin{bmatrix} x_1 \\ x_2 \\ \cdot \\ \cdot \\ x_p \end{bmatrix} \quad \overline{\boldsymbol{x}} = \begin{bmatrix} \overline{x}_1 \\ \overline{x}_2 \\ \cdot \\ \cdot \\ \overline{x}_p \end{bmatrix}$$

である。そして，$\boldsymbol{R}$ は，判別変数間の相関行列，Σ は，判別変数間の分散共分散行列を意味する。

2. 線形判別分析について

マハラノビスの距離を使用して，図 6-1 において，点 P からグループ 1 の中心までの距離 D_1, グループ 2 の中心までの距離 D_2 を求めると，

$$\begin{aligned} D_1^2 &= \frac{1}{1 - r_{(1)}^2} \left\{ \left(\frac{x_1 - \overline{x}_1^{(1)}}{s_1^{(1)}}\right)^2 + \left(\frac{x_2 - \overline{x}_2^{(1)}}{s_2^{(1)}}\right)^2 - 2r_{(1)} \left(\frac{x_1 - \overline{x}_1^{(1)}}{s_1^{(1)}}\right) + \left(\frac{x_2 - \overline{x}_2^{(1)}}{s_2^{(1)}}\right) \right\} \\ D_2^2 &= \frac{1}{1 - r_{(2)}^2} \left\{ \left(\frac{x_1 - \overline{x}_1^{(2)}}{s_1^{(2)}}\right)^2 + \left(\frac{x_2 - \overline{x}_2^{(2)}}{s_2^{(2)}}\right)^2 - 2r_{(2)} \left(\frac{x_1 - \overline{x}_1^{(2)}}{s_1^{(2)}}\right) + \left(\frac{x_2 - \overline{x}_2^{(2)}}{s_2^{(2)}}\right) \right\} \end{aligned} \tag{6-7}$$

となる。これより，$D_2^2 - D_1^2$ を計算し，$D_2^2 - D_1^2 > 0$ ならばグループ 1，$D_2^2 - D_1^2 < 0$ ならばグループ 2 に属すると考えればよいことになる。$D_2^2 - D_1^2 = 0$ は，境界線ということになる。このとき，グループ 1 の分散共分散行列を $\Sigma^{(1)}$，グループ 2 の分散共分散行列を $\Sigma^{(2)}$ とすると，$\Sigma^{(1)} = \Sigma^{(2)}$ のとき，

$$D_2^2 - D_1^2 = 2(a_1(x_1 - \mu_1) + a_2(x_2 - \mu_2)) = 2(a_0 + a_1 x_1 + a_2 x_2) = 2W$$

となる。ただし，

$$\mu_1 = \frac{\overline{x}_1^{(1)} + \overline{x}_1^{(2)}}{2} \quad \mu_2 = \frac{\overline{x}_2^{(1)} + \overline{x}_2^{(2)}}{2} \quad a_0 = -(a_1\mu_1 + a_2\mu_2)$$

$$a_1 = \frac{1}{1-r^2}\left(\frac{\overline{x}_1^{(1)} - \overline{x}_1^{(2)}}{s_1^2} - r\frac{\overline{x}_2^{(1)} - \overline{x}_2^{(2)}}{s_1 s_2}\right) \quad a_2 = \frac{1}{1-r^2}\left(\frac{\overline{x}_2^{(1)} - \overline{x}_2^{(2)}}{s_2^2} - r\frac{\overline{x}_1^{(1)} - \overline{x}_1^{(2)}}{s_1 s_2}\right)$$

(6-8)

である。

これより,

$$W = a_0 + a_1 x_1 + a_2 x_2 \quad (6\text{-}9)$$

をもとに判別が可能となる。この式を**線形判別関数**と呼ぶ。W を**判別得点**, x_1, x_2 を**判別変数**, a_1, a_2 を**判別係数**と呼ぶ。$W > 0$ ならばグループ1, $W < 0$ ならばグループ2に属することになる。図6-1の直線は, グループ1とグループ2の境界線で, $W = 0$, すなわち, $a_0 + a_1 x_1 + a_2 x_2 = 0$ の直線である。

線形判別分析においては, 境界線は直線で表される。一般的には線形判別関数の判別係数は, 行列によって以下のように表される。

$$\begin{bmatrix} s_1^2 & s_{12} \\ s_{12} & s_2^2 \end{bmatrix} \begin{bmatrix} a_1 \\ a_2 \end{bmatrix} = \begin{bmatrix} \overline{x}_1^{(1)} - \overline{x}_1^{(2)} \\ \overline{x}_2^{(1)} - \overline{x}_2^{(2)} \end{bmatrix} \quad (6\text{-}10)$$

よって, 判別変数が2つ以上ある場合でも, 上の行列のベクトル $\boldsymbol{a}$ の解として得られる。いったん判別関数が得られると, いずれの判別変数が判別に大きく寄与しているかを知ることができる。$x_1 > 0$, $x_2 > 0$ である限り, a_1, a_2 が大きいほど, $W > 0$ となりやすい。逆に, a_1, a_2 が小さいほど, $W < 0$ になりやすい。すなわち, 判別係数の有意性を調べることによって, 線形判別分析は, 判別変数の寄与の有意性を調べることができるのである。

非線形判別分析について

2つのグループの分散共分散行列が等しいときは, 判別分析は, 線形判別分析となるが, 分散共分散行列が等しくないとき, 判別分析は, 非線形判別分析となる。このときは, $D_2^2 - D_1^2$ の値をもとにグループ1に属するか, グループ2に属するかを決定することになる。また, 境界線は, $D_2^2 - D_1^2 = 0$ を満たす。D_1^2 の式は, 2次曲線を表すので, $D_2^2 - D_1^2 = 0$ も2次曲線となる。よって, 非線形判別分析の境界線は, 2次曲線である。非線形判別分析の場合は, 判別関数が線形ではないので, 線形判別分析のように, 判別変数の有意性を調べることは難しい。

3. 分散共分散行列の等質性の検定

線形判別分析を行うか, 非線形判別分析を行うかに関しては, 2つのグループの分散共分散行列が等質であるかどうかに依存する。よって, 判別分析を行うにあたって, 分散共分散行列の等質性の検定を行う必要がある。分散共分散分析の等質性の検定は, 以下のようにして行われる。まず, 2つのグループの分散共分散行列は, 等しいという帰無仮説, 両者は等しくないという対立仮説のもとで,

$$V = |\hat{\Sigma}^{(1)}|^{n_1/2} |\hat{\Sigma}^{(2)}|^{n_2/2} / |\hat{\Sigma}|^{n/2} \tag{6-11}$$

を求める。ただし，$\hat{\Sigma}^{(1)}$，$\hat{\Sigma}^{(2)}$ は，データより推定された値で，n_1, n_2 は，グループ1，グループ2の標本の大きさである。また，

$$\hat{\Sigma} = \frac{1}{n-2}\{(n_1-1)\hat{\Sigma}^{(1)} + (n_2-1)\hat{\Sigma}^{(2)}\}$$
$$n = n_1 + n_2$$

である。このとき，

$$\chi_v^2 = -2\log_e V \tag{6-12}$$

は，近似的に自由度 $p(p+1)/2$ の χ^2 分布に従う。ただし，p は判別変数の数である。

判別係数の検定について

グループ1，2の母集団の分布を $N(\mu^{(1)}, \Sigma)$，$N(\mu^{(2)}, \Sigma)$ とする。p 変数に基づく2群の中心間のマハラノビスの距離の2乗を $D_{(p)}^2$ とすると，

$$D_{(p)}^2 = (\overline{x}_{(p)}^{(1)} - \overline{x}_{(p)}^{(2)})^{\mathrm{t}} \Sigma_{(p)}^{-1} (\overline{x}_{(p)}^{(1)} - \overline{x}_{(p)}^{(2)}) \tag{6-13}$$

で表される。いま，p 変数のうち，特定の r 個を除去して，残りの $p-r$ 変数を用いたときの，2群の中心間のマハラノビスの距離の2乗を $D_{(p-r)}^2$ とすると，

$$D_{(p-r)}^2 = (\overline{x}_{(p-r)}^{(1)} - \overline{x}_{(p-r)}^{(2)})^{\mathrm{t}} \Sigma_{(p-r)}^{-1} (\overline{x}_{(p-r)}^{(1)} - \overline{x}_{(p-r)}^{(2)}) \tag{6-14}$$

となる。ここにおいて，

$$F = \frac{n_1 + n_2 - p - 1}{r} \times \frac{n_1 n_2 (D_{(p)}^2 - D_{(p-r)}^2)}{(n_1+n_2)(n_1+n_2-2) + n_1 n_2 D_{(p-r)}^2} \tag{6-15}$$

は，自由度 $(r, n_1 + n_2 - p - 1)$ の F 分布に従うことが知られているので，これを利用して判別係数の検定を行うことが可能である。$r=1$ のときは，特定の判別係数の検定となる。

4. 判別分析の例

図6-1のデータは，表6-1に示されるデータからなる。グループ1には10人所属し，グループ2には8人所属する。表6-1のデータをもとにして，実際に判別分析を行ってみよう。まず，分散共分散行列の同質性の検定を行う。帰無仮説は，「グループ1と2の分散共分散は，同質」である。グループ1の分散共分散行列は，

$$\hat{\Sigma}^{(1)} = \begin{bmatrix} 0.885 & 0.495 \\ 0.495 & 1.678 \end{bmatrix}$$

グループ2は，

$$\hat{\Sigma}^{(2)} = \begin{bmatrix} 0.739 & 0.355 \\ 0.355 & 1.338 \end{bmatrix}$$

そして，2つのグループを合わせた分散共分散行列は，

$$\hat{\Sigma} = \begin{bmatrix} 0.821 & 0.434 \\ 0.434 & 1.530 \end{bmatrix}$$

そして，$n_1 = 10$，$n_2 = 8$，$n = 10 + 8 = 18$。よって，

$$V = 0.902$$
$$\chi_v^2 = 0.206$$
$$\mathrm{df} = 3$$

このときの確率値は，$P = 0.977$。よって，帰無仮説は採択される。グループ1とグループ2の分散共分散は同質である。2つのグループの分散共分散が同質であるので，線形判別分析を行う。線形判別関数は，

$$W = 18.775 - 7.196x_1 + 4.042x_2$$

となる。

$W > 0$ ならばグループ1，$W < 0$ ならばグループ2に属するので，x_1 が小さく，x_2 が大きいほどグループ1に属する可能性が高くなる。同様にして x_1 が大きく，x_2 が小さいほどグループ2に属する可能性が高くなることがうかがえる。

表 6-1

		x_1	x_2	線形判別分析に基づく判別得点	グループ1の中心までのマハラノビスの距離の2乗	グループ2の中心までのマハラノビスの距離の2乗
グループ1	1	3.2	8.0	28.08	2.534	63.18
	2	3.5	7.1	22.29	0.677	48.559
	3	3.0	7.1	25.89	0.852	56.408
	4	3.6	5.7	15.91	0.616	34.736
	5	4.9	7.0	11.81	3.79	29.819
	6	2.9	6.6	24.58	0.33	52.988
	7	1.8	5.5	28.05	1.842	62.204
	8	2.5	4.8	20.19	0.986	44.442
	9	1.7	4.6	25.13	2.455	56.846
	10	3.6	4.1	9.44	3.919	24.734
グループ2	1	6.5	4.3	−10.62	22.909	3.071
	2	7.5	2.6	−24.68	47.272	0.333
	3	7.6	3.8	−20.55	39.538	0.533
	4	8.5	4.7	−23.39	47.077	3.236
	5	8.1	2.3	−30.21	59.357	2.085
	6	6.9	2.5	−20.77	39.714	0.237
	7	5.9	2.4	−13.98	28.601	2.377
	8	6.8	1.3	−24.9	49.089	2.128

さらに，判別得点を計算すると，表6-1の第5列のようになる。グループ1の判別得点は，すべて正の値，グループ2の場合は，すべて負の値。これより，判別がよくできていることがうかがえる。判別率100%である。判別関数による判別が完全でないと，グループ1に負値が混ざったり，グループ2に正値が混ざったりする。

表6-1の第6, 7列は，非線形判別分析に基づく，各点から各グループの中心までのマハラノビスの距離の2乗を示す。距離の近いグループの方が所属するグループとなる。

図6-1の個人Pは，グループ1に属するのか，あるいは，グループ2に属するのかを調べるためには，線形判別関数式に$x_1 = 6$, $x_2 = 6.4$を代入すればよい。$W > 0$ならばグループ1，$W < 0$ならばグループ2に属することになる。実際にWを計算すると，$W = 1.4678$であるので，個人Pはグループ1に属することになる。

5. Rで判別分析

以下に分散共分散行列の同質性を検定する関数cov.test，線形判別分析の関数lda2，非線形判別分析の関数qda2を示す。引数は，3つの関数共通のy_1, y_2で，2つの判別グループの個人を行，変数を列とする行列データである。関数cov.testの出力は，2つの分散共分散行列が同質かどうかの判定（same, different），そして，検定に使用されたχ^2値と有意確率である。関数lda2の出力は，分散共分散行列（cov），判別係数（coef），判別得点（socre），標準化判別得点（normalized.score）である。関数qda2の出力は，2つの各グループの分散共分散行列（cov1, cov2），各対象から各グループの中心までのマハラノビス距離（dist1, dist2），2つの距離の差（result1），および判別されたグループ（result2）である。

```
#####cov.test#####
cov.test <- function(y1, y2){
  np <- ncol(y1)
  ny1 <- nrow(y1)
  ny2 <- nrow(y2)
  n <- ny1+ny2
  cov1 <- var(y1)
  cov2 <- var(y2)
  cov12 <- ((ny1-1)*cov1+(ny2-1)*cov2)/(ny1+ny2-2)
  det1 <- det(cov1)
  det2 <- det(cov2)
  det12 <- det(cov12)
  v <- det1^(ny1/2)*det2^(ny2/2)/det12^(n/2)
  chisqvalue <- -2*log(v)
  df <- np*(np+1)/2
  pvalue <- 1-pchisq(chisqvalue, df)
  n1 <- np*ny1
  n2 <- np*ny1+1
  cmeany1 <- apply(y1, 2, mean)
```

```
        cmeany2 <- apply(y2, 2, mean)
        dmean <- cmeany1-cmeany2
        if(pvalue < 0.025) result <- c("different cov") else result <- c("same
cov")
        if(pvalue < 0.025) select <- 2 else select <- 1
        print(cbind(result), quote=F)
        print(cbind(chisqvalue, df, pvalue))
    }
  ################
```

```
  #####lda2#####
  lda2 <- function(y1, y2){
      np <- ncol(y1)
      ny1 <- nrow(y1)
      ny2 <- nrow(y2)
      n <- ny1+ny2
      n1 <- np*ny1
      n2 <- np*ny1+1
      cmeany1 <- apply(y1, 2, mean)
      cmeany2 <- apply(y2, 2, mean)
      dmean <- cmeany1-cmeany2
```

```
      zy1 <- y1-matrix(rep(cmeany1, ny1), ncol=np, byrow=T)
      zy2 <- y2-matrix(rep(cmeany2, ny2), ncol=np, byrow=T)
      sij <- (t(zy1)%*%zy1+t(zy2)%*%zy2)/(ny1+ny2-2)
      a <- solve(sij)%*%dmean
      midmean <- (cmeany1+cmeany2)/2
      a0 <- -t(a)%*%midmean
      coef <- c(a0, a)
      z1 <- y1%*%a+rep(a0, ny1)
      z2 <- y2%*%a+rep(a0, ny2)
      list(cov=sij, coef=coef, score=z1, normalized.score=z2)
      }
##############
```

```
  #####qda2#####
  qda2 <- function(y1, y2){
      np <- ncol(y1)
      ny1 <- nrow(y1)
      ny2 <- nrow(y2)
      n <- ny1+ny2
```

```
        n1 <- np*ny1
        n2 <- np*ny1+1
        cmeany1 <- apply(y1, 2, mean)
        cmeany2 <- apply(y2, 2, mean)
        dmean <- cmeany1-cmeany2
        ny3 <- ny1+ny2
        zy11 <- y1-matrix(rep(cmeany1, ny1), ncol=np, byrow=T)
        zy12 <- y2-matrix(rep(cmeany1, ny2), ncol=np, byrow=T)
        zy21 <- y1-matrix(rep(cmeany2, ny1), ncol=np, byrow=T)
        zy22 <- y2-matrix(rep(cmeany2, ny2), ncol=np, byrow=T)
        cov1 <- var(y1)
        cov2 <- var(y2)
        d11 <- diag((zy11)%*%solve(cov1)%*%t(zy11))
        d12 <- diag((zy12)%*%solve(cov1)%*%t(zy12))
        d21 <- diag((zy21)%*%solve(cov2)%*%t(zy21))
        d22 <- diag((zy22)%*%solve(cov2)%*%t(zy22))
        d1 <- c(d11, d12)
        d2 <- c(d21, d22)
        dd <- d2-d1
        dd2 <- dd
      dd2[dd2 > =0] <- 1
          dd2[dd2<0] <- 2
        list(cov1=round(cov1, 3), cov2=round(cov2, 3),
          dist1=round(d1, 3), dist2=round(d2, 3), result1=round(dd, 3),
          result2=dd2)
        }
##############
```

以下に例を示す。データは，関数 lda2 が正しく計算していることを確認するために多変量統計解析法（田中豊・脇本和昌著）の p.119 のデータを使用。

```
> y1
       [,1]      [,2]
 [1,]   40      4.6
 [2,]   28      5.3
 [3,]   64      7.9
 [4,]   35      5.5
 [5,]   26      4.5
 [6,]   72      7.6
 [7,]   45      6.2
 [8,]   62      6.7
```

```
        [,1]     [,2]
 [9,]   72      6.5
[10,]   56      7.0
[11,]   42      7.0
[12,]   44      8.0
[13,]   32      7.0
[14,]   60      5.5
[15,]   68      6.4
[16,]   55      8.6
[17,]   75      8.5
[18,]   51      4.5
> y2
        [,1]     [,2]
 [1,]   72      7.1
 [2,]   64      3.3
 [3,]   90      7.1
 [4,]   80      6.4
 [5,]   56      2.4
 [6,]   52      5.8
 [7,]   90      6.2
 [8,]   75      4.2
 [9,]   66      7.1
[10,]   58      3.7
[11,]   55      5.0
[12,]   45      3.5
[13,]   83      4.3
[14,]   78      5.5
[15,]   73      3.4
[16,]   67      5.7
[17,]   65      4.8
[18,]   60      6.2
> cov.test(y1, y2)
     result
[1,] same cov
     chisqvalue df    pvalue
[1,] 1.207244    3  0.7512674
> lda2(y1, y2)
$cov
            [,1]           [,2]
[1,]   206.767974      9.422876
[2,]     9.422876      1.952190
```

```
$coef
[1]  0.4417607  -0.1465886   1.4360839
```

```
$score
           [,1]
 [1,]   1.1842045
 [2,]   3.9485259
 [3,]   2.4051561
 [4,]   3.2096228
 [5,]   3.0928359
 [6,]   0.8016225
 [7,]   2.7489960
 [8,]   0.9750325
 [9,]  -0.7780698
[10,]   2.2853890
[11,]   4.3376287
[12,]   5.4805355
[13,]   5.8035143
[14,]  -0.4550910
[15,]  -0.3353239
[16,]   4.7297118
[17,]   1.6543324
[18,]  -0.5718779
```

```
$normalized.score
            [,1]
 [1,]   0.08358057
 [2,]  -4.20082978
 [3,]  -2.55501337
 [4,]  -2.09438657
 [5,]  -4.32059686
 [6,]   1.14844256
 [7,]  -3.84748887
 [8,]  -4.52082836
 [9,]   0.96311188
[10,]  -2.74686492
[11,]  -0.44019021
[12,]  -1.12843052
[13,]  -5.54992839
[14,]  -3.09368496
[15,]  -5.37651836
```

```
[16,]  -1.19399411
[17,]  -2.19329251
[18,]   0.55016769
```

```
> qda2(y1, y2)
$cov1
         [,1]      [,2]
[1,]  247.794   10.785
[2,]   10.785    1.751
```

```
$cov2
         [,1]      [,2]
[1,]  165.742    8.060
[2,]    8.060    2.153
```

```
$dist1
 [1]  2.099  2.258  1.180  1.168  3.266  1.724  0.171  0.503  2.341  0.146
[11]  0.992  2.783  2.919  1.792  1.643  2.959  2.949  3.107  1.770 11.667
[21]  6.913  4.715 14.595  0.427  9.080 10.932  0.850  7.668  2.223  6.002
[31] 14.049  6.509 14.681  2.705  4.879  0.659
```

```
$dist2
 [1]  5.265 12.447  5.266  9.007 11.997  3.151  6.112  2.311  0.935  4.465
[11]  9.920 13.035 15.586  0.784  0.988 10.847  5.653  1.835  1.973  1.539
[21]  3.358  1.136  3.407  2.871  2.848  1.119  2.574  1.092  1.236  3.391
[31]  2.603  0.573  2.236  0.263  0.075  1.705
```

```
$result1
 [1]   3.166  10.190   4.086   7.839   8.731   1.427   5.940   1.807  -1.406
[10]   4.319   8.928  10.252  12.667  -1.008  -0.654   7.888   2.705  -1.271
[19]   0.203 -10.128  -3.555  -3.579 -11.188   2.445  -6.231  -9.812   1.724
[28]  -6.576  -0.987  -2.612 -11.446  -5.936 -12.445  -2.442  -4.804   1.045
```

```
$result2
 [1] 1 1 1 1 1 1 1 1 2 1 1 1 1 2 2 1 1 2 1 2 2 2 2 1 2 2 1 2 2 2 2 2 2 2 2 1
```

7 Rで数量化理論

1. 数量化Ⅰ類

1) 数量化Ⅰ類の考え方

数量化Ⅰ類は，数量化理論の1つで，説明変数が名義尺度の場合の重回帰分析に対応する。たとえば，ある人の体重を予測するときに，説明変数として，性別，肉の好き嫌い，野菜の好き嫌いのようなカテゴリー変数を使用する場合に相当する。いま，10人の参加者が，表7-1のように回答したとしよう。ただし，性別の場合，男1，女0，肉・野菜の好き嫌いの場合は，好き1，嫌い0とする。

いま，個人kの体重をy_k，説明変数iのカテゴリーをjとすると，回帰式は，

$$y_k = a_{11}x_{11k} + a_{12}x_{12k} + a_{21}x_{21k} + a_{22}x_{22k} + a_{31}x_{31k} + a_{32}x_{32k} + e_k = Y_k + e_k \quad (7\text{-}1)$$

で表される。x_{ijk}は1あるいは0の値をとり，e_kは個人kの誤差，a_{ij}は**カテゴリー数量**と呼ばれるパラメータで，a_{11}は男，a_{12}は女，a_{21}は肉類が好き，a_{22}は肉類が嫌い，a_{31}は野菜が好き，a_{32}は野菜が嫌いというカテゴリーに与えられた数値である。カテゴリーの数は，2個以上も可能である。数量化Ⅰ類では，

$$Q = \sum_{k=1}^{n} e_k^2 = \sum_{k=1}^{n}(y_k - Y_k)^2 \tag{7-2}$$

が最小となるようにa_{ij}が決定される。

表7-1 性別，肉・野菜の好き嫌いと体重のデータ

項目	体重（kg）	性別		肉		野菜	
カテゴリー		男	女	好き	嫌い	好き	嫌い
カテゴリー数量		a_{11}	a_{12}	a_{21}	a_{22}	a_{31}	a_{32}
1	80	1	0	1	0	0	1
2	70	1	0	0	1	1	0
3	75	1	0	0	1	0	1
4	85	1	0	1	0	1	0
5	50	0	1	0	1	1	0
6	68	0	1	1	0	1	0
7	55	0	1	0	1	0	1
8	60	0	1	1	0	0	1

Q を a_{ij} で偏微分して，0 とおくと，

$$\partial Q/\partial a_{ij} = -2\sum_{k=1}^{n}\{y_k - (a_{11}x_{11k} + a_{12}x_{12k} + a_{21}x_{21k} + a_{22}x_{22k} + a_{31}x_{31k}$$
$$+ a_{32}x_{32k})\}x_{ijk} = 0 \tag{7-3}$$

となる。

これを行列で表すと，

$$\begin{bmatrix} \sum_{k=1}^{n}x_{11k}^2 & \sum_{k=1}^{n}x_{11k}x_{12k} & \sum_{k=1}^{n}x_{11k}x_{21k} & \sum_{k=1}^{n}x_{11k}x_{22k} & \sum_{k=1}^{n}x_{11k}x_{31k} & \sum_{k=1}^{n}x_{11k}x_{32k} \\ \sum_{k=1}^{n}x_{12k}x_{11k} & \sum_{k=1}^{n}x_{12k}^2 & \sum_{k=1}^{n}x_{12k}x_{21k} & \sum_{k=1}^{n}x_{12k}x_{22k} & \sum_{k=1}^{n}x_{12k}x_{31k} & \sum_{k=1}^{n}x_{12k}x_{32k} \\ \sum_{k=1}^{n}x_{21k}x_{11k} & \sum_{k=1}^{n}x_{21k}x_{12k} & \sum_{k=1}^{n}x_{21k}^2 & \sum_{k=1}^{n}x_{21k}x_{22k} & \sum_{k=1}^{n}x_{21k}x_{31k} & \sum_{k=1}^{n}x_{21k}x_{32k} \\ \sum_{k=1}^{n}x_{22k}x_{11k} & \sum_{k=1}^{n}x_{22k}x_{12k} & \sum_{k=1}^{n}x_{22k}x_{21k} & \sum_{k=1}^{n}x_{22k}^2 & \sum_{k=1}^{n}x_{22k}x_{31k} & \sum_{k=1}^{n}x_{22k}x_{32k} \\ \sum_{k=1}^{n}x_{31k}x_{11k} & \sum_{k=1}^{n}x_{31k}x_{12k} & \sum_{k=1}^{n}x_{31k}x_{21k} & \sum_{k=1}^{n}x_{31k}x_{22k} & \sum_{k=1}^{n}x_{31k}^2 & \sum_{k=1}^{n}x_{31k}x_{32k} \\ \sum_{k=1}^{n}x_{32k}x_{11k} & \sum_{k=1}^{n}x_{32k}x_{12k} & \sum_{k=1}^{n}x_{32k}x_{21k} & \sum_{k=1}^{n}x_{32k}x_{22k} & \sum_{k=1}^{n}x_{32k}x_{31k} & \sum_{k=1}^{n}x_{32k}^2 \end{bmatrix} \begin{bmatrix} a_{11} \\ a_{12} \\ a_{21} \\ a_{22} \\ a_{31} \\ a_{32} \end{bmatrix} = \begin{bmatrix} \sum_{k=1}^{n}y_k x_{11k} \\ \sum_{k=1}^{n}y_k x_{12k} \\ \sum_{k=1}^{n}y_k x_{21k} \\ \sum_{k=1}^{n}y_k x_{22k} \\ \sum_{k=1}^{n}y_k x_{31k} \\ \sum_{k=1}^{n}y_k x_{32k} \end{bmatrix}$$
$$\tag{7-4}$$

となる。

$$X = \begin{bmatrix} x_{111} & x_{121} & x_{211} & x_{221} & x_{311} & x_{321} \\ x_{112} & x_{122} & x_{212} & x_{222} & x_{312} & x_{322} \\ x_{113} & x_{123} & x_{213} & x_{223} & x_{313} & x_{323} \\ \cdot & \cdot & \cdot & \cdot & \cdot & \cdot \\ \cdot & \cdot & \cdot & \cdot & \cdot & \cdot \\ x_{11n} & x_{12n} & x_{21n} & x_{22n} & x_{31n} & x_{32n} \end{bmatrix} \quad \boldsymbol{a} = \begin{bmatrix} a_{11} \\ a_{12} \\ a_{21} \\ a_{22} \\ a_{31} \\ a_{32} \end{bmatrix} \quad \boldsymbol{y} = \begin{bmatrix} y_1 \\ y_2 \\ y_3 \\ \cdot \\ \cdot \\ y_n \end{bmatrix}$$

とすると，

$$X^{\mathrm{t}}X\boldsymbol{a} = X^{\mathrm{t}}\boldsymbol{y} \tag{7-5}$$

よって，

$$\boldsymbol{a} = (X^{\mathrm{t}}X)^{-1}X^{\mathrm{t}}\boldsymbol{y} \tag{7-6}$$

として解けばよいが，$\sum_{j=1}^{n_i}x_{ijk} = 1$ なので（n_i は，変数 i のカテゴリー数），$|X^{\mathrm{t}}X| = 0$ となり，$X^{\mathrm{t}}X$ の逆行列が存在しない。説明変数の数を p とすると，$X^{\mathrm{t}}X$ の階数は，$p-1$ 個減少するので，$p-1$ 個の各変数のカテゴリー数量のいずれか（たとえば，各変数の一番最後のカテゴリー数量）を 0 として解く。

2) R で数量化 I 類

数量化 I 類の関数 hqt1 を以下に示す。

1. 数量化Ⅰ類　93

```
#####hqt1#####
hqt1 <- function(x, y){
   a <- solve(t(x)%*%x)%*%t(x)%*%y
   list(a = round(a, 3))
}
################
```

　関数 hqt1 は，引数として，x, y を持ち，x は，説明変数の行列データで，行を個人，列を変数とする。y は，被説明変数を表すベクトルデータである。式 (7-6) をもとに回帰係数 a を算出する。以下に，関数 hqt1 の実行例と出力例を示す。ただし，hqt1-data1.txt には，表 7-1 の性別，肉・野菜の好き嫌いと体重のデータが保存されているとする。

〈実行例〉

```
nc <- 7
data <- matrix(scan("hqt1-data1.txt"), ncol = nc, byrow = T)
print(data);y <- data[,1];x <- data[,c(2, 3, 4, 6)];print(x);print(y);
out <- hqt1(x, y);print(out)
```

〈出力例〉

```
Read 56 items
> data
     [,1] [,2] [,3] [,4] [,5] [,6] [,7]
[1,]   80    1    0    1    0    0    1
[2,]   70    1    0    0    1    1    0
[3,]   75    1    0    0    1    0    1
[4,]   85    1    0    1    0    1    0
[5,]   50    0    1    0    1    1    0
[6,]   68    0    1    1    0    1    0
[7,]   55    0    1    0    1    0    1
[8,]   60    0    1    1    0    0    1


> x
     [,1] [,2] [,3] [,4]
[1,]    1    0    1    0
[2,]    1    0    0    1
[3,]    1    0    0    0
[4,]    1    0    1    1
[5,]    0    1    0    1
[6,]    0    1    1    1
```

```
       [7,]       0       1       0       0
       [8,]       0       1       1       0
> y
[1]    80 70 75 85 50 68 55 60
$a
              [,1]
[1,]       71.75
[2,]       52.50
[3,]       10.75
[4,]        0.75
```

表 7-1 の場合であれば，変数の数が 3 個であるので，$p-1=2$ 個の変数の最終カテゴリーの値を 0 とする．すなわち $a_{22}=0$, $a_{32}=0$ とおく．そして，a_{22}, a_{32} 列以外の列のデータを数量化 I 類の関数に入力すればよい．表 7-1 の第 2 列めのデータを y，第 3, 4, 5, 7 列めのデータを x として入力すると，$a_{11}=71.75$, $a_{12}=52.50$, $a_{21}=-10.75$, $a_{22}=0$, $a_{31}=0.75$, $a_{32}=0$ を得る．これより，回帰式

$$Y = 71.75x_{11} + 52.50x_{12} + 10.75x_{21} + 0.75x_{31} \tag{7-7}$$

を得る．次に，変数ごとに，レンジ（range）＝最大カテゴリー数量－最小カテゴリー数量を求める．range が大きいほど，その変数の影響が大きいということになる．

変数 1 のレンジは，$71.75 - 52.50 = 19.25$
変数 2 のレンジは，$10.75 - 0 = 10.75$
変数 3 のレンジは，$0.75 - 0 = 0.75$

となる．よって，変数 1 の性別が最も体重に影響を与えることがわかる．そして，次に肉類の好みが体重に影響を与え，野菜の好みは，体重に最も影響を与えないことがうかがえる．

重回帰分析において，説明変数に直接 1, 0 の 2 値データを代入した場合と比較すると，どうなるのであろうか．第 2 列めのデータを被説明変数，第 3, 5, 7 列めのデータを説明変数として，重回帰分析を行うと，

$$Y = 52.50 + 19.25x_1 + 10.75x_2 + 0.75x_3 \tag{7-8}$$

を得る．数量化 I 類の場合も，重回帰分析の場合も各説明変量が，体重に与える影響は同じであることがうかがえる．ただし，カテゴリーが 3 つ以上の場合は，数量化 I 類の方がデータの扱い方が簡単であるので便利である．

2. 数量化 II 類

1) 数量化 II 類の考え方

数量化 II 類は，判別変数が名義尺度の場合の線形判別分析で，表 7-2 のようなデータがあると

する．個人 k の判別得点を z_k とすると，判別得点は，

$$z_k = a_{11}x_{11k} + a_{12}x_{12k} + a_{21}x_{21k} + a_{22}x_{22k} \tag{7-9}$$

で表される．式中の a_{ij} は，変数 i のカテゴリー j のカテゴリー数量である．いま，判別得点の全変動を S_t，グループ間変動を S_b，グループ内変動を S_w とすると，

$$\begin{aligned} S_t &= \sum_{i=1}^{N}(z_i-\overline{z})^2 = \sum_{i=1}^{l}(z_i-\overline{z})^2 + \sum_{i=l+1}^{N}(z_i-\overline{z})^2 \\ &= \left\{\sum_{i=1}^{l}(z_i-\overline{z}^{(1)})^2 + \sum_{i=l+1}^{N}(z_i-\overline{z}^{(2)})^2\right\} + \{l\,(\overline{z}^{(1)}-\overline{z})^2 + (N-1)\,(\overline{z}^{(2)}-\overline{z})^2\} \\ &= S_w + S_b \end{aligned} \tag{7-10}$$

となる．

$$\eta^2 = S_b/S_t \tag{7-11}$$

が最大となるように a_{ij} を決定する．

$$\boldsymbol{a} = \begin{bmatrix} a_{11} \\ a_{12} \\ a_{21} \\ a_{22} \end{bmatrix} \quad X = \begin{bmatrix} x_{111} & x_{121} & x_{211} & x_{222} \\ x_{111} & x_{121} & x_{211} & x_{222} \\ \cdot & \cdot & \cdot & \cdot \\ \cdot & \cdot & \cdot & \cdot \\ \cdot & \cdot & \cdot & \cdot \\ x_{111} & x_{121} & x_{211} & x_{222} \end{bmatrix}$$

$$\overline{X} = \begin{bmatrix} \overline{\boldsymbol{x}}_{11} & \overline{\boldsymbol{x}}_{12} & \overline{\boldsymbol{x}}_{21} & \overline{\boldsymbol{x}}_{22} \\ \overline{\boldsymbol{x}}_{11} & \overline{\boldsymbol{x}}_{12} & \overline{\boldsymbol{x}}_{21} & \overline{\boldsymbol{x}}_{22} \\ \cdot & \cdot & \cdot & \cdot \\ \cdot & \cdot & \cdot & \cdot \\ \cdot & \cdot & \cdot & \cdot \\ \overline{\boldsymbol{x}}_{11} & \overline{\boldsymbol{x}}_{12} & \overline{\boldsymbol{x}}_{21} & \overline{\boldsymbol{x}}_{22} \end{bmatrix} \quad \overline{X}_b = \begin{bmatrix} \overline{\boldsymbol{x}}_{11}^{(1)} & \overline{\boldsymbol{x}}_{12}^{(1)} & \overline{\boldsymbol{x}}_{21}^{(1)} & \overline{\boldsymbol{x}}_{22}^{(1)} \\ \overline{\boldsymbol{x}}_{11}^{(1)} & \overline{\boldsymbol{x}}_{12}^{(1)} & \overline{\boldsymbol{x}}_{21}^{(1)} & \overline{\boldsymbol{x}}_{22}^{(1)} \\ \cdot & \cdot & \cdot & \cdot \\ \cdot & \cdot & \cdot & \cdot \\ \overline{\boldsymbol{x}}_{11}^{(1)} & \overline{\boldsymbol{x}}_{12}^{(1)} & \overline{\boldsymbol{x}}_{21}^{(1)} & \overline{\boldsymbol{x}}_{22}^{(1)} \\ \overline{\boldsymbol{x}}_{11}^{(2)} & \overline{\boldsymbol{x}}_{12}^{(2)} & \overline{\boldsymbol{x}}_{21}^{(2)} & \overline{\boldsymbol{x}}_{22}^{(2)} \\ \cdot & \cdot & \cdot & \cdot \\ \cdot & \cdot & \cdot & \cdot \\ \overline{\boldsymbol{x}}_{11}^{(2)} & \overline{\boldsymbol{x}}_{12}^{(2)} & \overline{\boldsymbol{x}}_{21}^{(2)} & \overline{\boldsymbol{x}}_{22}^{(2)} \\ \overline{\boldsymbol{x}}_{11}^{(2)} & \overline{\boldsymbol{x}}_{12}^{(2)} & \overline{\boldsymbol{x}}_{21}^{(2)} & \overline{\boldsymbol{x}}_{22}^{(2)} \end{bmatrix}$$

とすると，

$$\eta^2 = \frac{\boldsymbol{a}^{\mathrm{t}}(\overline{X}_b-\overline{X})^{\mathrm{t}}(\overline{X}_b-\overline{X})\boldsymbol{a}}{\boldsymbol{a}^{\mathrm{t}}(X-\overline{X})^{\mathrm{t}}(X-\overline{X})\boldsymbol{a}} \tag{7-12}$$

となる．

両辺を a で偏微分して，

$$\eta^2(X-\overline{X})^{\mathrm{t}}(X-\overline{X})a = (\overline{X}_b-\overline{X})^{\mathrm{t}}(\overline{X}_b-\overline{X})a$$
$$\{(\overline{X}_b-\overline{X})^{\mathrm{t}}(\overline{X}_b-\overline{X}) - \eta^2(X-\overline{X})^{\mathrm{t}}(X-\overline{X})\}a = 0 \tag{7-13}$$

を得る。

$$S_b = (\overline{X}_b-\overline{X})^{\mathrm{t}}(\overline{X}_b-\overline{X})$$
$$S = (X-\overline{X})^{\mathrm{t}}(X-\overline{X})$$

とすると,

$$(S_b - \eta^2 S)a = 0 \tag{7-14}$$

この式を解くためには, 行列 S は正則行列であることが必要。すなわち, 行列 S の逆行列が存在しなければならない。しかしながら, S の階数は, S の次数−判別変数の数となるため, S には逆行列が存在しない。そこで, 各判別変数の第1カテゴリーのカテゴリー数量を0としたときの S_b, S, a を V_b, V, u として,

$$(V_b - \eta^2 V)u = 0 \tag{7-15}$$

を解く。
$|V| \neq 0$ ならば,

$$V^{-1}V_b u = \eta^2 u \tag{7-16}$$

となるので, η^2 は, $V^{-1}V_b$ の固有値となる。$|V|=0$ のときは, **一般化固有値問題**となるので, 次のようにして解く。

$$\lambda = \eta^2$$
$$V = Q\Lambda^{1/2}\Lambda^{1/2}Q^{\mathrm{t}} = PP^{\mathrm{t}}$$
$$P = Q\Lambda^{1/2}$$

とし, 式 (7-14) は,

$$(V_b - \lambda PP^{\mathrm{t}})u = 0$$
$$P^{-1}V_b u - \lambda P^{\mathrm{t}}u = 0$$
$$P^{-1}V_b(P^{\mathrm{t}})^{-1}P^{\mathrm{t}}u - \lambda P^{\mathrm{t}}u = 0$$
$$(P^{-1}V_b(P^{\mathrm{t}})^{-1} - \lambda I)P^{\mathrm{t}}u = 0$$
$$P^{\mathrm{t}}u = b \tag{7-17}$$

とすると, b は, $P^{-1}V_b(P^{\mathrm{t}})^{-1}$ の固有ベクトルとなる。
よって, b を求めて,

$$u = (P^{\mathrm{t}})^{-1}b \tag{7-18}$$

を得る。

2) Rで数量化Ⅱ類

数量化Ⅱ類の関数 hqt2 は, 以下に示される。引数は n, d で, n は, 各グループの人数を表す

ベクトルデータ，d は行に個人，列に変数が定義されている行列データである。

```
#####hqt2#####
hqt2 <- function(n, d){
  n1 <- n[1]
  n2 <- n[2]
  d1 <- d[1:n1,]
  n3 <- n1+1
  d2 <- d[n3:nrow(d),]
  y <- apply(d, 2, "sum")
  y <- matrix(y, nrow=1, byrow=T)
  x1 <- apply(d1, 2, "sum")
  x2 <- apply(d2, 2, "sum")
  x1 <- matrix(x1, nrow=1, byrow=T)
  x2 <- matrix(x2, nrow=1, byrow=T)
  t1 <- t(d)%*%d-t(y)%*%y/nrow(d)
  b <- t(x1)%*%x1/n1+t(x2)%*%x2/n2-t(y)%*%y/nrow(d)
  evalue1 <- eigen(t1)$values
  evector1 <- eigen(t1)$vectors
  p <- evector1%*%sqrt(diag(evalue1))
  a <- solve(p)%*%b%*%solve(t(p))
  evalue <- eigen(a)$values
  evector2 <- eigen(a)$vectors
  evector3 <- solve(t(p))%*%evector2
  xx <- sqrt(diag(t(evector3)%*%evector3))
  evector <- evector3/xx
  Y <- d%*%evector[,1]
    list(d=d, evalue=round(evalue[1], 3), coef=round(evector[,1], 3),
    score=round(Y, 3))
}
#############
```

表7-2の例をもとにして，数量化Ⅱ類を行うことを考えてみよう．まず，各判別変数の第一カテゴリー a_{11}, a_{21} を0とする．以下に実行例を示す．

ただし，hqt2-data1.txt には，表7-2の自家用車の購入とメーカーの好みおよび値段との関係のデータが保存されているとする．

〈実行例〉
```
nc <- 4
data <- matrix(scan("hqt2-data1.txt"), ncol = nc, byrow = T)
```

```
print(data);
x <- data[,c(2, 4)];n <- c(6, 5);out <- hqt2(n, x);print(out)
```

表7-2 自家用車の購入とメーカーの好みおよび値段との関係

グループ	参加者	好みのメーカーである		値段が手ごろである		数量化Ⅱ類に基づく判別得点 z_k	線形判別分析に基づく判別得点 W_k
		はい a_{11}	いいえ a_{12}	はい a_{21}	いいえ a_{22}		
グループ1 (購入する)	1	1	0	1	0	0	2.80
	2	1	0	0	1	−0.847	−0.85
	3	1	0	1	0	0	2.80
	4	1	0	1	0	0	2.80
	5	1	0	1	0	0	2.80
	6	0	1	1	0	−0.707	−0.85
グループ2 (購入しない)	1	0	1	1	0	−0.707	−0.85
	2	1	0	0	1	−0.847	−0.85
	3	0	1	0	1	−1.554	−4.51
	4	1	0	0	1	−0.847	−0.85
	5	0	1	1	0	−0.707	−0.85

〈出力例〉

```
Read 44 items
> data
        [,1]    [,2]    [,3]    [,4]
 [1,]    1       0       1       0
 [2,]    1       0       0       1
 [3,]    1       0       1       0
 [4,]    1       0       1       0
 [5,]    1       0       1       0
 [6,]    0       1       1       0
 [7,]    0       1       1       0
 [8,]    1       0       0       1
 [9,]    0       1       0       1
[10,]    1       0       0       1
[11,]    0       1       1       0
$d
        [,1]    [,2]
 [1,]    0       0
 [2,]    0       1
 [3,]    0       0
 [4,]    0       0
 [5,]    0       0
```

```
    [6,]    1    0
    [7,]    1    0
    [8,]    0    1
    [9,]    1    1
   [10,]    0    1
   [11,]    1    0

$evalue
[1]   0.49

$coef
[1] -0.707 -0.847

$score
         [,1]
 [1,]   0.000
 [2,]   0.847
 [3,]   0.000
 [4,]   0.000
 [5,]   0.000
 [6,]   0.707
 [7,]   0.707
 [8,]   0.847
 [9,]   1.554
[10,]   0.847
[11,]   0.707
```

$$\lambda = \eta^2 = 0.49$$

よって，最大固有値は，0.49 である．

最大固有値に対応する固有ベクトルは，-0.707，-0.847 である．よって，$a_{12} = -0.707$，$a_{22} = -0.847$ である．これより，判別得点は，

$$z_k = -0.707 x_{12k} - 0.847 x_{22k} \tag{7-19}$$

となる．これより，各参加者の判別得点を求めると，表 7-2 の第 7 列に示される値となる．判別得点が大きいほどグループ 1 に属し，小さいほどグループ 2 に属することになる．参加者 2 と 6 は，判別得点に基づくと，グループ 2 に属する可能性が高いことになる．表 7-2 の 3 列目と 5 列目（a_{11} と a_{21} の列）のデータを用いて，線形判別分析を行うと，以下のような判別式を得る．

$$W = 2.803125 - 3.656250 x_1 - 3.656250 x_2 \tag{7-20}$$

これを用いて，判別得点を計算すると，表 7-2 の第 8 列に示される値となる．

2つの判別得点を比較すると，線形判別分析を行った場合においても，被験者2と6は，グループ1ではなく，グループ2に属する可能性が高いということになる。

3. 数量化Ⅲ類

1) 数量化Ⅲ類の考え方

数量化Ⅲ類は，名義尺度の項目に対して回答者が「はい」，「いいえ」の2値で選んだ回答をもとに，項目と回答者を同時分類する手法である。表7-3は，自分の結婚相手の好みを尋ねた実際のデータである。各項目に対して，結婚相手にその属性を望むかどうかを尋ねたものである。その属性を望むと回答した場合は1，そうでない場合は0が記入されている。

数量化Ⅲ類では，回答者と評価項目に対して表7-3に示されるようにそれぞれ a_i, b_j という数値を付与し，回答者と項目との間の相関係数が最大になるように a_i, b_j の値を決定してゆく。a_i を**サンプル数量**，b_j を**カテゴリー数量**と呼ぶ。数量化Ⅲ類では，相関係数は，

$$r = \sum_{i=1}^{n}\sum_{j=1}^{m}\delta_{ij}a_i b_j/h \tag{7-21}$$

と定義される。表7-1の場合であれば，「はい」と回答した回答者のサンプル数量 a_i と評価項目のカテゴリー数量 b_j の積和を「はい」と回答した総数で割ったもので，

表7-3 結婚の条件

		1	2	3	4	5	6	7	8	9	10
		顔が美しい	スタイルがよい	健康である	大学卒以上である	高収入である	家庭環境がよい	家庭を大事にする	価値観が同じである	ファザコン・マザコンでない	性別（男1，女0）
		b_1	b_2	b_3	b_4	b_5	b_6	b_7	b_8	b_9	
1	a_1	1	1	0	0	0	0	1	1	0	1
2	a_2	0	0	0	0	0	0	1	0	1	1
3	a_3	1	1	1	0	0	0	1	1	1	1
4	a_4	1	1	1	0	0	0	1	1	1	1
5	a_5	1	1	1	0	1	1	1	1	1	1
6	a_6	0	1	1	0	0	0	1	1	0	1
7	a_7	1	0	1	0	0	0	1	1	1	1
8	a_8	0	0	1	0	0	0	1	1	0	1
9	a_9	1	0	1	0	1	0	1	1	1	0
10	a_{10}	0	1	1	0	0	0	1	1	1	0
11	a_{11}	0	0	1	0	1	0	1	1	1	0
12	a_{12}	1	1	1	0	1	0	1	1	0	0
13	a_{13}	1	1	1	0	1	0	1	1	1	0
14	a_{14}	1	1	1	1	1	1	1	1	1	0
15	a_{15}	1	1	1	0	0	1	1	1	1	0
16	a_{16}	0	0	1	0	1	0	1	0	1	0

$$r = (a_1b_1 + a_1b_2 + a_1b_7 + \cdots a_{16}b_9)/86$$

ということになる。

ここにおいて,

$$h = \sum_{i=1}^{n}\sum_{j=1}^{m}\delta_{ij} \tag{7-22}$$

$$\delta_{i.} = \sum_{j=1}^{m}\delta_{ij} \tag{7-23}$$

$$\delta_{.j} = \sum_{i=1}^{n}\delta_{ij} \tag{7-24}$$

とし,

$$s_a^2 = \sum_{i=1}^{n}\delta_{i.}a_i^2/h = 1 \tag{7-25}$$

$$s_b^2 = \sum_{j=1}^{m}\delta_{.j}b_j^2/h = 1 \tag{7-26}$$

という制約条件のもとで,

$$Q = \sum_{i=1}^{n}\sum_{j=1}^{m}\delta_{ij}a_ib_j/h - \lambda_1\left(\sum_{i=1}^{n}\delta_{i.}a_i^2 - 1\right)/(2h) - \lambda_2\left(\sum_{j=1}^{m}\delta_{.j}b_j^2 - 1\right)/(2h) \tag{7-27}$$

を最大にする a_i, b_j を決定する。ただし,δ_{ij} はクロネッカーの δ で,サンプル i がカテゴリー j に属するときは 1,それ以外は 0 を意味する。そこで,式 (7-8) を a_i, b_j について偏微分をすると,

$$\partial Q/\partial a_i = \sum_{j=1}^{m}\delta_{ij}b_j/h - \lambda_1\delta_{i.}a_i/h = 0 \tag{7-28}$$

$$\partial Q/\partial b_j = \sum_{i=1}^{n}\delta_{ij}a_i/h - \lambda_2\delta_{.j}b_j/h = 0 \tag{7-29}$$

式 (7-28) に $\sum_{i=1}^{n}a_i$ を掛けることにより,$\lambda_1 = \sum_{i=1}^{n}\sum_{j=1}^{m}\delta_{ij}a_ib_j/h$ を得る。同様にして,式 (7-29) より $\lambda_2 = \sum_{i=1}^{n}\sum_{j=1}^{m}\delta_{ij}a_ib_j/h$ を得る。よって,$\lambda_1 = \lambda_2 = \lambda$ とする。

さらに,

$$a_i = \sum_{j=1}^{m}\delta_{ij}b_j/(\lambda\delta_{i.}) \tag{7-30}$$

これを式 (7-29) に代入して,

$$\sum_{i=1}^{n}\left\{\delta_{ij}\sum_{k=1}^{m}\delta_{ik}b_k/\delta_{i.}\right\}/(\lambda h) - \lambda\delta_{.j}b_j/h = 0 \tag{7-31}$$

これより,

$$\sum_{j=1}^{n}\sum_{k=1}^{n}\{\delta_{ij}\delta_{ik}\sqrt{(\delta_{\cdot k})}\,b_k / (\delta_{i\cdot}\sqrt{(\delta_{\cdot j})}\sqrt{(\delta_{\cdot k})})\} - \lambda^2 \sqrt{(\delta_{\cdot j})}\,b_j = 0 \tag{7-32}$$

これを行列で表すと，

$$\begin{bmatrix} \sum_{i=1}^{n}\dfrac{\delta_{i1}^2}{\delta_{i\cdot}\delta_{\cdot 1}} & \sum_{i=1}^{n}\dfrac{\delta_{i1}\delta_{i2}}{\delta_{i\cdot}\sqrt{\delta_{\cdot 1}}\sqrt{\delta_{\cdot 2}}} & \cdots & \sum_{i=1}^{n}\dfrac{\delta_{i1}\delta_{im}}{\delta_{i\cdot}\sqrt{\delta_{\cdot 1}}\sqrt{\delta_{\cdot m}}} \\ \sum_{i=1}^{n}\dfrac{\delta_{i2}\delta_{i1}}{\delta_{i\cdot}\sqrt{\delta_{\cdot 1}}\sqrt{\delta_{\cdot 2}}} & \sum_{i=1}^{n}\dfrac{\delta_{i2}^2}{\delta_{i\cdot}\delta_{\cdot 2}} & \cdots & \sum_{i=1}^{n}\dfrac{\delta_{i2}\delta_{im}}{\delta_{i\cdot}\sqrt{\delta_{\cdot 2}}\sqrt{\delta_{\cdot m}}} \\ \vdots & & & \\ \sum_{i=1}^{n}\dfrac{\delta_{im}\delta_{i1}}{\delta_{i\cdot}\sqrt{\delta_{\cdot m}}\sqrt{\delta_{\cdot 1}}} & \cdots & \cdots & \sum_{i=1}^{n}\dfrac{\delta_{im}^2}{\delta_{i\cdot}\delta_{\cdot m}^2} \end{bmatrix} \begin{bmatrix} \sqrt{\delta_{\cdot 1}}\,b_1 \\ \sqrt{\delta_{\cdot 2}}\,b_2 \\ \vdots \\ \sqrt{\delta_{\cdot m}}\,b_m \end{bmatrix} = \lambda^2 \begin{bmatrix} \sqrt{\delta_{\cdot 1}}\,b_1 \\ \sqrt{\delta_{\cdot 2}}\,b_2 \\ \vdots \\ \sqrt{\delta_{\cdot m}}\,b_m \end{bmatrix} \tag{7-33}$$

となる。ここにおいて，$z_{ij} = \delta_{ij}/(\sqrt{(\delta_{i\cdot})}\sqrt{(\delta_{\cdot j})})$, $x_j = \sqrt{(\delta_{\cdot j})}\,b_j$ とおくと，$Z^t Z x = \lambda^2 x$ となる。よって，x は $Z^t Z$ の固有ベクトルとなる。x より b を求め，さらに，a を求めればよいことになる。

2) R で数量化Ⅲ類

数量化Ⅲ類の関数 hqt3 は，以下のように示される。

```
#####hqt3#####
hqt3 <- function(x){
  n <- ncol(x)
  d1 <- apply(x, 1, sum)
  d2 <- apply(x, 2, sum)
  d3 <- ifelse(d1==0, 0, 1/d1)
  d4 <- ifelse(d2==0, 0, 1/sqrt(d2))
  d3 <- diag(d3, nrow=length(d3))
  d4 <- diag(d4, nrow=length(d4))
  m1 <- t(x)
  y <- d4%*%m1%*%d3%*%x%*%d4
  evalue <- eigen(y)$values
  evector <- eigen(y)$vectors
  for ( j in 1:ncol(evector)) if(evector[1, j]<=0) evector[,j] <- -evector[,j]
  evector <- evector*sqrt(sum(x))
  b <- d4%*%evector
  evalue2 <- 1/sqrt(evalue)
  evalue2 <- diag(evalue2, ncol=length(evalue2))
  a <- d3%*%x%*%b%*%evalue2
  list(data=x, evalue=round(evalue, 3), row=round(a, 3), col=round(b, 3))
```

```
    }
    #############
```

　以下に，hqt3 の実行例と出力例を示す．ただし，hqt3-data1.txt には，表 7-3 の結婚の条件の
データが保存されているとする．

〈実行例〉
```
nc <- 9
data <- matrix(scan("hqt3-data1.txt"), ncol=nc, byrow=T)
out <- hqt3(data);print(out)
```

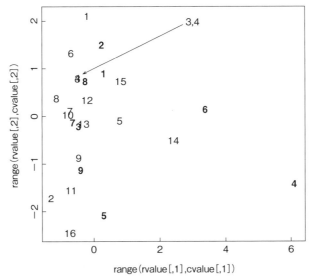

図 7-1　数量化Ⅲ類の出力（細字がサンプル数量，太字がカテゴリー数量を表す）

〈出力例〉

```
Read 144 items
Read 144 items
$data
       [,1] [,2] [,3] [,4] [,5] [,6] [,7] [,8] [,9]
 [1,]    1    1    0    0    0    0    1    1    0
 [2,]    0    0    0    0    0    0    1    0    1
 [3,]    1    1    1    0    0    0    1    1    1
 [4,]    1    1    1    0    0    0    1    1    1
 [5,]    1    1    1    0    1    1    1    1    1
 [6,]    0    1    1    0    0    0    1    1    0
 [7,]    1    0    1    0    0    0    1    1    1
 [8,]    0    0    1    0    0    0    1    1    0
 [9,]    1    0    1    0    1    0    1    1    1
```

```
      [10,]  0  1  1  0  0  0  1  0  1
      [11,]  0  0  1  0  1  0  1  1  1
      [12,]  1  1  1  0  1  0  1  1  0
      [13,]  1  1  1  0  1  0  1  1  1
      [14,]  1  1  1  1  1  1  1  1  1
      [15,]  1  1  1  0  0  1  1  1  1
      [16,]  0  0  1  0  1  0  1  0  1


$evalue
[1] 1.000 0.158 0.130 0.081 0.057 0.046 0.043 0.018 0.005


$row
       [,1]    [,2]    [,3]    [,4]    [,5]    [,6]    [,7]    [,8]    [,9]
 [1,]   1  -0.195   2.108   0.529   0.382   1.341  -0.667  -2.482   0.378
 [2,]   1  -1.273  -1.709  -3.771   0.074   1.564  -0.012  -3.701   0.203
 [3,]   1  -0.481   0.791  -0.469   0.126   0.674  -0.244   1.030  -0.609
 [4,]   1  -0.481   0.791  -0.469   0.126   0.674  -0.244   1.030  -0.609
 [5,]   1   0.808  -0.081   0.029   1.361  -1.385   0.230  -0.476  -0.126
 [6,]   1  -0.680   1.329   0.276  -2.082  -1.498  -0.333  -0.477  -0.872
 [7,]   1  -0.698   0.116  -0.386   0.335   1.462   1.721   1.292   0.745
 [8,]   1  -1.108   0.382   0.663  -2.469  -0.908   2.912  -0.544   1.297
 [9,]   1  -0.448  -0.866   0.927   0.782   0.867   0.554   0.312   0.217
[10,]   1  -0.771   0.042  -1.907  -1.029  -1.044  -2.031   1.227   0.657
[11,]   1  -0.697  -1.546   0.751  -0.364  -0.423   0.538  -0.539  -2.661
[12,]   1  -0.187   0.346   1.735   0.199  -0.130  -0.996  -0.321   1.448
[13,]   1  -0.298  -0.147   0.669   0.539   0.277  -0.963   0.228  -0.869
[14,]   1   2.429  -0.505  -0.068  -1.270   0.870  -0.131   0.080   0.006
[15,]   1   0.809   0.732  -1.038   1.124  -1.282   1.017   0.111   0.202
[16,]   1  -0.722  -2.444   0.188  -0.046  -0.754  -0.833   0.150   1.895


$col
      [,1]    [,2]    [,3]    [,4]    [,5]    [,6]    [,7]    [,8]    [,9]
[1,]   1   0.317   0.912   0.514   1.553   1.570   0.132   0.606   1.069
[2,]   1   0.240   1.501  -0.251  -0.219  -0.701  -2.096  -0.037  -0.540
[3,]   1  -0.454  -0.210   0.227  -0.798  -0.866   0.410   1.671   0.703
[4,]   1   6.116  -1.401  -0.239  -5.325   4.056  -0.627   0.601   0.078
[5,]   1   0.318  -2.080   2.128   0.719  -0.452  -1.099  -0.608  -0.178
[6,]   1   3.396   0.135  -1.264   1.697  -2.792   1.787  -0.718   0.371
[7,]   1  -0.628  -0.115  -0.515  -0.579   0.089   0.155  -1.450   1.110
[8,]   1  -0.238   0.737   0.853  -0.390   0.193   1.253  -0.437  -1.528
[9,]   1  -0.383  -1.116  -1.627   0.614   0.582  -0.160   0.467  -1.081
```

```
> plot(range(rvalue[,1],cvalue[,1]),range(rvalue[,2],cvalue[,2]),type="n")
> text(rvalue,labels=1:16,font=1)
> text(cvalue,labels=1:9,font=2)
```

4. 数量化Ⅳ類

1) 数量化Ⅳ類の考え方

　数量化Ⅳ類の場合も，対象に対する評価者の判断をもとに，対象に数値を付与する方法である．その際に，対象間の類似度を回答者の反応をもとに算出し，そして，さらに類似度をもとに対象間の距離を算出してゆく．たとえば，表7-3に示されるようなデータがあるとしよう．項目1と項目2に関して，16人の回答者のうち，12人の回答者が同じ回答をしているので，項目1と2の間の類似度は12ということになる．同様にしてすべての項目間の類似度を計算すると，表7-4を得る．対角要素は，行の類似度の総和に－をつけた値である．そして，項目 j と項目 k のカテゴリー数量を a_j, a_k とし，

$$\sum_{j=1}^{n} a_j^2 = 1 \tag{7-34}$$

という制約条件のもとで，

$$Q = -\sum_{j=1}^{n}\sum_{k=1}^{n} e_{jk}(a_j - a_k)^2 - \lambda\left(\sum_{j=1}^{n} a_j^2 - 1\right) \tag{7-35}$$

を最大にする a_j を求める．$(a_j - a_k)^2$ は項目 j と項目 k の間の距離の2乗に相当するので，e_{jk} と $(a_j - a_k)^2$ の積和に－を付け，それを最大にするように a_j を決定することは，項目間の類似度を

表7-4　項目間の類似度

	顔が美しい	スタイルがよい	健康である	大学卒以上である	高収入である	家庭環境がよい	家庭を大事にする	価値観が同じである	ファザコン・マザコンでない
顔が美しい	−80	12	10	7	9	9	10	13	10
スタイルがよい	12	−74	10	7	7	9	10	11	8
健康である	10	10	−76	3	9	5	14	13	12
大学卒以上である	7	7	3	−51	10	14	1	4	5
高収入である	9	7	9	10	−69	10	7	8	9
家庭環境がよい	9	9	5	14	10	−63	3	6	7
家庭を大事にする	10	10	14	1	7	3	−70	13	12
価値観が同じである	13	11	13	4	8	6	13	−77	9
ファザコン・マザコンでない	10	8	12	5	9	7	12	9	−72

最大にするように，a_j を決定することを意味する。

式（7-35）を a_j に関して偏微分すると，

$$\partial Q/\partial a_j = -2\sum_{k=1}^{n} e_{jk}(a_j - a_k) - 2\lambda a_j = 0 \tag{7-36}$$

を得る。これを行列で表すと，

$$\begin{bmatrix} -\sum_{k \neq 1} e_{1k} & e_{12} & \cdots & e_{1n} \\ e_{21} & -\sum_{k \neq 2} e_{2k} & \cdots & e_{2n} \\ \cdot & & & \\ \cdot & & & \\ e_{n1} & & \cdots & -\sum_{k \neq n} e_{nk} \end{bmatrix} \begin{bmatrix} a_1 \\ \cdot \\ \cdot \\ \cdot \\ a_n \end{bmatrix} = \lambda \begin{bmatrix} a_1 \\ \cdot \\ \cdot \\ \cdot \\ a_n \end{bmatrix}$$

$$Va = \lambda a \tag{7-37}$$

を得る。これより，求める a_j は，行列 V の固有ベクトルということになる。そして，行列 V は，表7-4に示される項目間の類似度行列である。行列 V より，類似度行列の対角要素は，行の類似度の総和に－をつけた値になるのである。

2）Rで数量化Ⅳ類

数量化Ⅳ類の関数 hqt4 は，以下のように示される。引数 x は，行を列を変数とする行列データである。

```
#####hqt4#####
> hqt4 <- function(x){
    nr <- nrow(x)
    nc <- ncol(x)
    y <- x
    e <- matrix(0, nrow=nc, ncol=nc)
    x[x==0] <- -1
    for( i in 1:nc) for ( j in 1:nc) e[i, j] <- sum(abs(x[,i]+x[,j]))/2
    e[row(e)==col(e)] <- 0
    d <- apply(e, 1, "sum")
    e2 <- e-diag(d, nrow=length(d))
    evalue <- round(eigen(e2)$values, 3)
    evector <- round(eigen(e2)$vectors, 3)
    for (j in 1:ncol(evector)) if(evector[1, j]<=0) evector[,j] <- -evector[,j]
    list(data=y, eij=e2, evalue=evalue, points=evector)
}
##########
```

以下に，hqt4 の実行例と出力例を示す。ただし，hqt3-data1.txt には，表 7-3 の結婚の条件のデータが保存されているとする。

〈実行例〉
```
nc <- 9
data <- matrix(scan("hqt3-data1.txt"), ncol=nc, byrow=T)
out <- hqt4(data);print(out)
```

〈出力例〉

```
Read 144 items
$data
        [,1]  [,2]  [,3]  [,4]  [,5]  [,6]  [,7]  [,8]  [,9]
 [1,]    1    1    0    0    0    0    1    1    0
 [2,]    0    0    0    0    0    0    1    0    1
 [3,]    1    1    1    0    0    0    1    1    1
 [4,]    1    1    1    0    0    0    1    1    1
 [5,]    1    1    1    0    1    1    1    1    1
 [6,]    0    1    1    0    0    0    1    1    0
 [7,]    1    0    1    0    0    0    1    1    1
 [8,]    0    0    1    0    0    0    1    1    0
 [9,]    1    0    1    0    1    0    1    1    1
[10,]    0    1    1    0    0    0    1    0    1
[11,]    0    0    1    0    1    0    1    1    1
[12,]    1    1    1    0    1    0    1    1    0
[13,]    1    1    1    0    1    0    1    1    1
[14,]    1    1    1    1    1    1    1    1    1
[15,]    1    1    1    0    0    1    1    1    1
[16,]    0    0    1    0    1    0    1    0    1
$eij
        [,1]  [,2]  [,3]  [,4]  [,5]  [,6]  [,7]  [,8]  [,9]
 [1,]   -80   12   10    7    9    9   10   13   10
 [2,]    12  -74   10    7    7    9   10   11    8
 [3,]    10   10  -76    3    9    5   14   13   12
 [4,]     7    7    3  -51   10   14    1    4    5
 [5,]     9    7    9   10  -69   10    7    8    9
 [6,]     9    9    5   14   10  -63    3    6    7
 [7,]    10   10   14    1    7    3  -70   13   12
 [8,]    13   11   13    4    8    6   13  -77    9
 [9,]    10    8   12    5    9    7   12    9  -72
$evalue
```

```
 [1]  0.000 -48.857 -72.633 -76.941 -80.767 -84.372 -86.927 -88.803 -92.699
$points
       [,1]   [,2]   [,3]   [,4]   [,5]   [,6]   [,7]   [,8]   [,9]
 [1,] 0.333  0.085  0.037  0.126  0.174  0.200  0.232  0.453  0.732
 [2,] 0.333  0.082  0.052  0.404  0.414  0.450 -0.524 -0.203 -0.164
 [3,] 0.333  0.259 -0.108 -0.031 -0.039 -0.078  0.353 -0.789  0.235
 [4,] 0.333 -0.759 -0.544  0.092 -0.063 -0.061  0.021 -0.023 -0.013
 [5,] 0.333 -0.077  0.123 -0.837  0.370 -0.027 -0.160  0.029 -0.052
 [6,] 0.333 -0.351  0.784  0.188 -0.217 -0.253  0.023 -0.054 -0.036
 [7,] 0.333  0.371 -0.229  0.101 -0.166 -0.652 -0.450  0.176  0.050
 [8,] 0.333  0.214 -0.064  0.156  0.249 -0.080  0.562  0.285 -0.592
 [9,] 0.333  0.175 -0.050 -0.200 -0.721  0.501 -0.057  0.126 -0.160
```

```
> plot(hqt4(x)$points[,2:3],type="n")
> text(hqt4(x)$points[,2:3],labels=1:9)
```

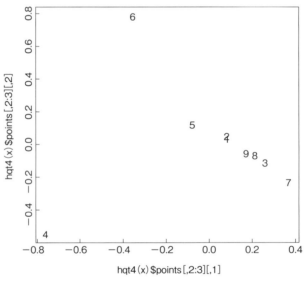

図7-2　数量化Ⅳ類の出力

8 Rで共分散構造分析

1. 共分散構造分析の考え方

　共分散構造分析（covariance structure analysis(CSA); structual equation modeling: SEM）は，観測変数と潜在変数の間の因果関係を分析する方法で，因果関係モデルを立て統計的に分析する。因果関係モデルは，以下に示すパス図を用いて作成される。パス図は，観測変数，潜在変数，誤差とパス（→（因果関係），⇔（相関関係））とパス係数（標準，非標準）より構成される。因果関係を表すパス係数は，観測変数の分散が標準化されていないときは，回帰係数（あるいは，偏回帰係数），共分散係数（あるいは，偏共分散係数）が使用され，標準化されているときは，標準化回帰係数（あるいは，標準化偏回帰係数），相関係数（あるいは，偏相関係数）が使用される。パス図を描く場合にはルールがあり，①観測変数は四角形で囲む，②潜在変数は円または楕円で囲む，③誤差変数は囲まない，④因果的な影響を与える変数から与えられる変数に単方向の矢印を描き，因果係数を記入する，⑤変数間に相関があり，因果関係を仮定しないときには，双方向の矢印を描き，相関係数（あるいは共分散係数）を記入する。

　因果関係モデルは，1つの潜在変数から2つ以上の観測変数が影響を受けるタイプの多重指標モデル（図8-1），2つ以上の観測変数群が1つの潜在変数を介して因果関係でつながれるタイプのMIMIC（multiple indicator multiple cause，多重指標多重原因）モデル（図8-2），潜在変数の一部が観測変数の影響を受けるタイプのPLS（partial least squares）モデル（図8-3）がある。

　共分散構造分析では，観測変数と潜在因子との関係を表現するために確認的因子分析（検証的）を使用する。そして，因果関係モデルは，測定方程式と構造方程式の2種類の方程式によって表現される。測定方程式は，潜在変数と観測変数との間の関係を示す式であり，構造方程式は観測変数間，潜在変数間，あるいは観測変数と潜在変数間の因果関係を示す式である。また，方程式の中で使用される変数は，他の変数から影響を受けない外生変数と他の変数から影響を受ける内生変数に分類される。構造方程式の中で，外生変数から内生変数への影響を表す回帰係数は，γで表し，内生変数から内生変数への影響を表す回帰係数はβで表す。また，λやκは潜在変数か

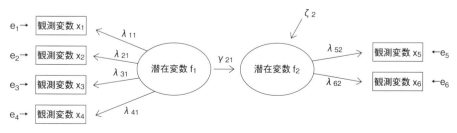

図8-1　因果関係モデル（多重指標モデル）

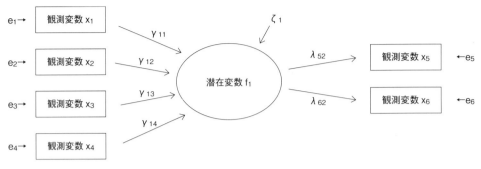

図 8-2　MIMIC モデル

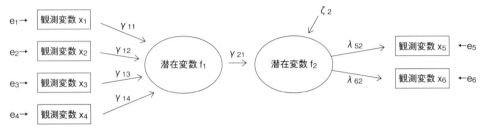

図 8-3　PLS モデル

ら観測変数への回帰係数を表す時に使用する．図 8-1 において，因果関係モデルは，測定方程式を用いて以下のように表される．

$$
\begin{aligned}
x_1 &= \lambda_{11} f_1 + e_1 \\
x_2 &= \lambda_{21} f_1 + e_2 \\
x_3 &= \lambda_{31} f_1 + e_3 \\
x_4 &= \lambda_{41} f_1 + e_4 \\
x_5 &= \lambda_{52} f_2 + e_5 \\
x_6 &= \lambda_{62} f_2 + e_6
\end{aligned}
\tag{8-1}
$$

λ_{jp} は，観測変数 i を潜在変数 p から予測した時の回帰係数（あるいは偏回帰係数）である．観測変数 x_j, x_k 間の共分散 S_{jk} は，上述した式を利用して以下のように表される．

$$
\begin{aligned}
S_{jk} &= \mathrm{cov}(x_j, x_k) = \mathrm{cov}(\lambda_{jp} f_p + e_j, \lambda_{kq} f_q + e_k) \\
&= \lambda_{jp} \lambda_{kq} \mathrm{cov}(f_p, f_q) + \lambda_{jp} \mathrm{cov}(f_p, e_k) + \lambda_{kq} \mathrm{cov}(f_q, e_j) + \mathrm{cov}(e_j, e_k) \\
&= \lambda_{jp} \lambda_{kq} \mathrm{cov}(f_p, f_q)
\end{aligned}
\tag{8-2}
$$

今，観測変数の数を 3，潜在変数の数を 2，λ_{ip} を観測変数 i と潜在変数 p との間の因果係数，ϕ_{uv} を潜在変数 u と潜在変数 v の間の共分散，u^2_j を観測変数 j の誤差分散とすると，因果モデルから推定される観測変数間の分散共分散行列 $\hat{\Sigma}$ は

$$
\hat{\Sigma} = \begin{bmatrix} \lambda_{11} & \lambda_{12} \\ \lambda_{21} & \lambda_{22} \\ \lambda_{31} & \lambda_{32} \end{bmatrix} \begin{bmatrix} \varphi_{11} & \varphi_{12} \\ \varphi_{21} & \varphi_{22} \end{bmatrix} \begin{bmatrix} \lambda_{11} & \lambda_{12} \\ \lambda_{21} & \lambda_{22} \\ \lambda_{31} & \lambda_{32} \end{bmatrix}^t + \begin{bmatrix} u^2_1 & 0 & 0 \\ 0 & u^2_2 & 0 \\ 0 & 0 & u^2_3 \end{bmatrix}
\tag{8-3}
$$

によって表される．

因果関係モデルが正しいかどうかは，モデルから推定された観測変数間の共分散行列 $\hat{\Sigma}$ と実際の観測変数間の共分散行列 S との一致の程度で決められる。適合度の指標としては，

① χ^2 検定

$$\chi^2 = (N-1)\{\log|\hat{\Sigma}| - \log|S| + \mathrm{tr}\{\hat{\Sigma}-1(S-\hat{\Sigma})\} \tag{8-4}$$
$$\mathrm{df} = p(p+1)/2 - q$$

ただし，p は観測変数の数，q は推測するパラメータ数。上式で計算された χ^2 の上側確率 p が 0.05 より大きければ，モデルは5%の有意水準で適合となる。サンプルサイズ $N < 300$ が望ましい。N が大きいと棄却されやすい。

② GFI（Goodness of Fit Index；適合度指標）：GFI の取りうる範囲は $0 \leq \mathrm{GFI} \leq 1$。GFI は当該の因果モデルで説明することができる共分散行列の比率を意味し，0.9 以上だと当てはまりよし。ただし，サンプルサイズに依存。

$$\mathrm{GFI} = 1 - \mathrm{tr}(((S-\hat{\Sigma})\hat{\Sigma}^{-1})^2)/\mathrm{tr}(((S\hat{\Sigma})^{-1})^2) \tag{8-5}$$

③ AGFI（Adjusted GFI；調整済み GFI）：因果関係モデルの中に含まれるパラメータの数が多くなると，それに伴って GFI の数値も大きくなる。そこで，モデルに含まれるパラメータの数が説明率に影響を与えないように調整した GFI が AGFI である。AGFI の取りうる範囲も 0 から 1 までの範囲であるが，$\mathrm{AGFI} \leq \mathrm{GFI}$ である。

$$\mathrm{AGFI} = 1 - (p(p+1) - \mathrm{GFI})/(p(p+1) - 2q) \tag{8-6}$$

ただし，p は観測変数の数，q は推測するパラメータ数。

④ RMSEA（Root Mean Square Error of Approximation）：

$$\mathrm{RMSEA} = \sqrt{([([\chi^2/\mathrm{df}]-1)/(N-1)])} \tag{8-7}$$

RMSEA < 0.05 ならば，当てはまりよい。RMSEA > 0.1 ならば，当てはまりがわるい。

⑤ AIC（Akaike's Information Criterion）：χ^2 値に自由度，パラメータ数の補正を加えたもの。モデルの相対的よさを評価するための指標で，値が小さいほど当てはまりがよい。

$$\mathrm{AIC} = \chi^2 - 2(p(p+1) - q) \tag{8-8}$$

ただし，p は観測変数の数，q は推測するパラメータ数。

⑥ BIC（Bayesian Information Criterion）：事後の分布との比較。小さいほどよい。

$$\mathrm{BIC} = \chi^2 + [k(k-1)/2 - \mathrm{df}]\ln(N) \tag{8-9}$$

2. R で共分散構造分析

共分散構造分析を行うに当たっては，まず因果モデルを作成する必要がある。図8-1 から図8-3 で示した3つのモデルが基本モデルである。ここでは，上述した3つのモデルである多重指標モデル（modelA），MIMIC モデル（modelB），PLS モデル（modelC）をもとに R での共分散構造分析を考える。共分散分析で使用する基本的な関数は，以下の6つの関数 readMoments, specifyModel, sem, stdCoef, summary, semPaths である。

```
r <- readMoments(file="data-sem1.txt", diag=TRUE, names=c("x1", "x2",
"x3", "x4", "x5", "x6"))
modelA <- specifyModel(file="modelA.txt")
sem.modelA <- sem(modelA, r, N=47)
stdCoef(sem.modelA)
summary(sem.modelA, rsquare=T, fit.indices=c("GFI", "AGFI", "RMSEA",
"AIC", "BIC"))
semPaths(sem(modelA, r, N=47), whatLabels="stand", layout="tree")
```

ただし，semPaths は，パッケージ semPlot の中にあるので，semPlot をあらかじめインストールしておく必要がある（R version 3.3.0 を使用して，メニューバーの「パッケージ」から「パッケージの読み込み」でsemPlot を選択）。

上述した6つの関数を使用して，以下に示す手順①から⑧で行う。

①関数 library によって sem, semPlot を R に呼び込む

```
> library(sem)
> library(semPlot)
```

②観測変数間の相関行列 r を読み込む。ただし，相関行列 r のデータは，data-sem1.txt に以下のように保存されているものとする。

```
1.00
0.82   1.00
0.65   0.63   1.00
0.56   0.54   0.44   1.00
0.79   0.77   0.63   0.54   1.00
0.74   0.72   0.59   0.51   0.75   1.00
> r <- readMoments(file="data-sem1.txt", diag=TRUE, names=c("x1", "x2",
"x3", "x4", "x5", "x6"))
> r
      x1     x2     x3     x4     x5     x6
x1  1.00   0.00   0.00   0.00   0.00   0
x2  0.82   1.00   0.00   0.00   0.00   0
x3  0.65   0.63   1.00   0.00   0.00   0
x4  0.56   0.54   0.44   1.00   0.00   0
x5  0.79   0.77   0.63   0.54   1.00   0
x6  0.74   0.72   0.59   0.51   0.75   1
```

③モデル式を作成し，モデルファイルに入れておく。たとえば，図8-1の多重指標モデルであれ

ば，以下の内容を modelA.txt に保存しておく．モデル式は，順に，2変数間の関係（-> あるいは，<->），パラメータの名前，初期値を表す．両方向の矢印は，x <-> x ならば，x の分散を，x <-> y ならば，x と y の相関（あるいは，共分散）を示す．パラメータの名前は，回帰係数，分散，共分散を表し，NA (not available) とすると，固定パラメータとなる．初期値は，自由パラメータの初期値，あるいは，固定パラメータの初期値を表す．NA とすると，初期値が sem で計算される．

```
f1 -> x1, ramda11, NA
f1 -> x2, ramda21, NA
f1 -> x3, ramda31, NA
f1 -> x4, ramda41, NA
f2 -> x5, NA, 1
f2 -> x6, ramda62, NA
f1 -> f2, gamma21, NA
x1 <-> x1, e1, NA
x2 <-> x2, e2, NA
x3 <-> x3, e3, NA
x4 <-> x4, e4, NA
x5 <-> x5, e5, NA
x6 <-> x6, e6, NA
f1 <-> f1, NA, 1
f2 <-> f2, zeta2, NA
```

④モデルを読み込む．

```
> modelA<- specifyModel(file="modelA.txt")

Read 15 records
NOTE: it is generally simpler to use specifyEquations()or cfa()
    see ?specifyEquations
```

⑤関数 stdCoef を実行し，モデルのパラメータ（標準化回帰係数）を出力する．

```
> stdCoef(sem(modelA, r, N=47))
Std. Estimate
1    ramda11   0.91495963 x1 <--- f1
2    ramda21   0.89073305 x2 <--- f1
3    ramda31   0.71493713 x3 <--- f1
4    ramda41   0.61466964 x4 <--- f1
5              0.89488343 x5 <--- f2
6    ramda62   0.83809808 x6 <--- f2
```

```
7   gamma21   0.96817898 f2 <--- f1
8   e1        0.16284888 x1 <--> x1
9   e2        0.20659463 x2 <--> x2
10  e3        0.48886490 x3 <--> x3
11  e4        0.62218123 x4 <--> x4
12  e5        0.19918365 x5 <--> x5
13  e6        0.29759161 x6 <--> x6
14            1.00000000 f1 <--> f1
15  zeta2     0.06262946 f2 <--> f2
```

⑥モデルの適合度を関数 summary によって出力する。

```
> summary(sem.modelA, rsquare=T, fit.indices=c("GFI", "AGFI", "RMSEA",
"AIC", "BIC"))
Model Chisquare=0.200298   Df=8 Pr(>Chisq)=0.9999961
Goodness-of-fit index=0.9985224
Adjusted goodness-of-fit index=0.9961213
RMSEA index=0   90% CI: (NA, NA)
AIC=26.2003
BIC=-30.60088


Normalized Residuals
    Min.       1st Qu.    Median       Mean     3rd Qu.      Max.
-4.466e-02  -1.450e-02  -9.700e-07  4.885e-03  2.637e-02  6.822e-02


R-square for Endogenous Variables
  x1     x2     x3     x4     f2     x5     x6
0.8372 0.7934 0.5111 0.3778 0.9374 0.8008 0.7024


Parameter Estimates
         Estimate    Std Error    z value    Pr(>|z|)
ramda11  0.91495955  0.11470730   7.9764719  1.505754e-15 x1 <--- f1
ramda21  0.89073297  0.11679319   7.6265831  2.410575e-14 x2 <--- f1
ramda31  0.71493717  0.13035674   5.4844665  4.147190e-08 x3 <--- f1
ramda41  0.61466955  0.13640918   4.5060719  6.603873e-06 x4 <--- f1
ramda62  0.93654420  0.12232738   7.6560472  1.917432e-14 x6 <--- f2
gamma21  0.86640748  0.11922050   7.2672691  3.668277e-13 f2 <--- f1
e1       0.16284885  0.05373975   3.0303241  2.442915e-03 x1 <--> x1
e2       0.20659460  0.05935843   3.4804591  5.005553e-04 x2 <--> x2
e3       0.48886494  0.10975431   4.4541753  8.421629e-06 x3 <--> x3
e4       0.62218104  0.13529385   4.5987385  4.250569e-06 x4 <--> x4
```

```
e5         0.19918372    0.06899903    2.8867611 3.892296e-03 x5 <--> x5
e6         0.29759159    0.07865164    3.7836664 1.545349e-04 x6 <--> x6
zeta2      0.05015472    0.06118714    0.8196938 4.123907e-01 f2 <--> f2
```

```
Iterations=28
```

⑦上で出力されたパラメータの推定値および適合度をもとにモデルを完成する。モデルの適合度が満たされなければ、モデルを修正し、やり直す。モデルの適合度が満たされれば、モデルに推定されたパラメータを記入し、モデルを完成させる。モデルの適合度を示す出力は

```
Model Chisquare=0.200298   Df=8 Pr(>Chisq)=0.9999961
  Goodness-of-fit index=0.9985224
  Adjusted goodness-of-fit index=0.9961213
  RMSEA index=0    90% CI: (NA, NA)
  SRMR=0.005193001
  AIC=26.2003
  BIC=-30.60088
```

これより、χ^2 値の有意確率 p は、$p = 0.9999961 > 0.05$ であるので、5%の有意水準でモデルはデータに適合していることがうかがえる。

⑧関数 semPaths によってパス図を描く。

```
semPaths(sem(modelA, r, N=47), whatLabels="stand", layout="tree")
```

次に、推定された回帰係数を用いて、もとの共分散行列を再現すると、

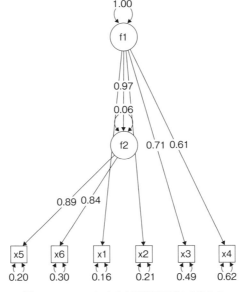

図8-4　semPlotによる多重指標モデルの出力2

```
> coef<-stdCoef(sem.modelA)
> coef2<-coef[,2]
> ramda<-matrix(c(coef2[1], 0, coef2[2], 0, coef2[3], 0, coef2[4],
   0, 0, coef2[5], 0, coef2[6]), ncol=2, byrow=T)
> phi<-matrix(c(1, coef2[7], coef2[7], 1), ncol=2, byrow=T)
> u2<-coef2[8:13]
> e2<-matrix(0, nrow=6, ncol=6)
> diag(e2)<-u2
> r2<-ramda %*% phi %*% t(ramda)+e2
> plot(r[row(r)>col(r)], r2[row(r2) > col(r2)])
> abline(0,1)
>
```

となる。再現された共分散行列（r_2）と元の共分散行列（r）をプロットすると，図8-5を得る。モデルの当てはまりがよいことがうかがえる。

同様にして，MIMICモデル（modelB）の実行例を示す。ファイルmodelB.txtには以下の内容が記入されている（図8-2を参照）。

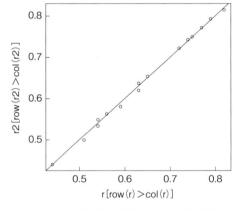

図8-5 もとの共分散（横軸）と再現された共分散（縦軸）の関係

```
x1 -> f1, gamma11, NA
x2 -> f1, gamma12, NA
x3 -> f1, gamma13, NA
x4 -> f1, gamma14, NA
f1 -> x5, NA, 1
f1 -> x6, gamma61, NA
x1 <-> x1, phi11, NA
x2 <-> x2, phi22, NA
x3 <-> x3, phi33, NA
x4 <-> x4, phi44, NA
x5 <-> x5, phi5, NA
```

```
x6 <-> x6, phi6, NA
f1 <-> f1, psi1, NA
x1 <-> x2, phi12, NA
x1 <-> x3, phi13, NA
x1 <-> x4, phi14, NA
x2 <-> x3, phi23, NA
x2 <-> x4, phi24, NA
x3 <-> x4, phi34, NA
```

```
> r<-readMoments(file="data-sem1.txt", diag=TRUE, names=c
   ("x1", "x2", "x3", "x4", "x5", "x6"))
Read 21 items
> modelB<- specifyModel(file="modelB.txt")
Read 19 records
NOTE: it is generally simpler to use specifyEquations() or cfa()
    see ?specifyEquations
> stdCoef(sem(modelB, r, N=47))
```

```
     Std. Estimate
gamma11   gamma11    0.4425449  f1 <--- x1
gamma12   gamma12    0.3439275  f1 <--- x2
gamma13   gamma13    0.1538862  f1 <--- x3
gamma14   gamma14    0.1040705  f1 <--- x4
                     0.8948173  x5 <--- f1
gamma61   gamma61    0.8381599  x6 <--- f1
phi11     phi11      1.0000000  x1 <--> x1
phi22     phi22      1.0000000  x2 <--> x2
phi33     phi33      1.0000000  x3 <--> x3
phi44     phi44      1.0000000  x4 <--> x4
phi5      phi5       0.1993019  x5 <--> x5
phi6      phi6       0.2974880  x6 <--> x6
psi1      psi1       0.1421926  f1 <--> f1
phi12     phi12      0.8200000  x2 <--> x1
phi13     phi13      0.6500000  x3 <--> x1
phi14     phi14      0.5600000  x4 <--> x1
phi23     phi23      0.6300000  x3 <--> x2
phi24     phi24      0.5400000  x4 <--> x2
phi34     phi34      0.4400000  x4 <--> x3
> summary(sem.modelB)
```

```
Model Chisquare=0.003423258   Df=3 Pr(>Chisq)=0.9999468
```

```
Goodness-of-fit index=0.9999752
Adjusted goodness-of-fit index=0.9998264
RMSEA index=0    90% CI: (NA, NA)
AIC=36.00342
BIC=-11.54702


Normalized Residuals
    Min.      1st Qu.    Median     Mean       3rd Qu.    Max.
-9.879e-03  -1.400e-08  0.000e+00  2.383e-04  9.000e-09  1.597e-02


R-square for Endogenous Variables
     f1         x5         x6
  0.8578     0.8007     0.7025


Parameter Estimates
        Estimate    Std Error    z value     Pr(>|z|)
gamma11  0.39599682  0.13647039  2.901705   3.711377e-03  f1 <--- x1
gamma12  0.30775231  0.13157814  2.338932   1.933896e-02  f1 <--- x2
gamma13  0.13770001  0.09796735  1.405570   1.598517e-01  f1 <--- x3
gamma14  0.09312405  0.08880626  1.048620   2.943529e-01  f1 <--- x4
gamma61  0.93668268  0.12227114  7.660701   1.849203e-14  x6 <--- f1
phi11    1.00000000  0.20851441  4.795832   1.620014e-06  x1 <--> x1
phi22    1.00000000  0.20851441  4.795832   1.620014e-06  x2 <--> x2
phi33    1.00000000  0.20851441  4.795832   1.620014e-06  x3 <--> x3
phi44    1.00000000  0.20851441  4.795832   1.620014e-06  x4 <--> x4
phi5     0.19930194  0.06891622  2.891945   3.828646e-03  x5 <--> x5
phi6     0.29748801  0.07857744  3.785921   1.531402e-04  x6 <--> x6
psi1     0.11385330  0.05988342  1.901249   5.726939e-02  f1 <--> f1
phi12    0.82000000  0.19067386  4.300537   1.703847e-05  x2 <--> x1
phi13    0.65000000  0.17585196  3.696291   2.187723e-04  x3 <--> x1
phi14    0.56000000  0.16898675  3.313869   9.201451e-04  x4 <--> x1
phi23    0.63000000  0.17426242  3.615237   3.000727e-04  x3 <--> x2
phi24    0.54000000  0.16756569  3.222617   1.270254e-03  x4 <--> x2
phi34    0.44000000  0.16108329  2.731506   6.304556e-03  x4 <--> x3


Iterations=23
>
>
>semPaths(sem(modelB, r, N=47), whatLabels="stand", layout="tree")
```

MIMICモデルのモデル適合度は

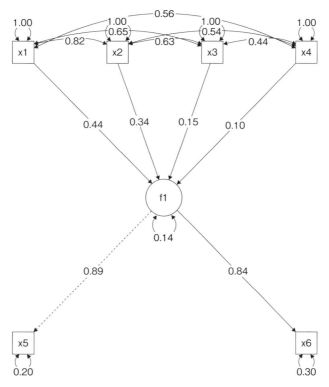

図 8-6 semPlot による MIMIC モデルの出力

```
Model Chisquare=0.003423258    Df=3 Pr(>Chisq)=0.9999468
Goodness-of-fit index=0.9999752
Adjusted goodness-of-fit index=0.9998264
RMSEA index=0    90% CI: (NA, NA)
AIC=36.00342
BIC=-11.54702
```

である。多重指標モデルと同じように χ^2 値をもとにすると，5%の有意水準でモデルは適合するが，AIC で比較すると，多重指標モデルの方が適合度がよい。

さらに，PLS モデル（modelC）の実行例を示す。ファイル modelC.txt には以下の内容が記入されている．

```
x1 -> f1, ramda11, NA
x2 -> f1, ramda12, NA
x3 -> f1, ramda13, NA
x4 -> f1, ramda14, NA
f1 -> f2, NA, 1
f2 -> x5, ramda52, NA
f2 -> x6, ramda62, NA
x1 <-> x1, phi11, NA
```

```
x2 <-> x2, phi22, NA
x3 <-> x3, phi33, NA
x4 <-> x4, phi4, NA
x5 <-> x5, phi5, NA
x6 <-> x6, phi6, NA
f1 <-> f1, NA, 1
f2 <-> f2, NA, 1
x1 <-> x2, phi12, NA
x1 <-> x3, phi13, NA
x1 <-> x4, phi14, NA
x2 <-> x3, phi23, NA
x2 <-> x4, phi24, NA
x3 <-> x4, phi34, NA
```

```
> r<-readMoments(file="data-sem1.txt", diag=TRUE,
  names=c("x1", "x2", "x3", "x4", "x5", "x6"))
Read 21 items
> modelC<- specifyModel(file="modelC.txt")
Read 21 records
NOTE: it is generally simpler to use specifyEquations() or cfa()
    see ?specifyEquations
> stdCoef(sem(modelC, r, N=47))
   Std. Estimate
1  ramda11  0.45916837 f1 <--- x1
2  ramda12  0.35684686 f1 <--- x2
3  ramda13  0.15966646 f1 <--- x3
4  ramda14  0.10797960 f1 <--- x4
5           0.96379655 f2 <--- f1
6  ramda52  0.89481743 x5 <--- f2
7  ramda62  0.83816003 x6 <--- f2
8  phi11    1.00000000 x1 <--> x1
9  phi22    1.00000000 x2 <--> x2
10 phi33    1.00000000 x3 <--> x3
11 phi4     1.00000000 x4 <--> x4
12 phi5     0.19930176 x5 <--> x5
13 phi6     0.29748777 x6 <--> x6
14          0.07653775 f1 <--> f1
15          0.07109621 f2 <--> f2
16 phi12    0.82000030 x2 <--> x1
17 phi13    0.64999998 x3 <--> x1
18 phi14    0.55999982 x4 <--> x1
```

```
19  phi23   0.62999996 x3 <--> x2
20  phi24   0.53999986 x4 <--> x2
21  phi34   0.43999944 x4 <--> x3
> summary(sem.modelC, rsquare=T, fit.indices=c
  ("GFI", "AGFI", "RMSEA", "AIC", "BIC"))


Model Chisquare=0.003423258   Df=3 Pr(>Chisq)=0.9999468
Goodness-of-fit index=0.9999752
Adjusted goodness-of-fit index=0.9998264
RMSEA index=0    90% CI: (NA, NA)
AIC=36.00342
BIC=-11.54702


Normalized Residuals
    Min.       1st Qu.     Median      Mean       3rd Qu.      Max.
-9.878e-03  -9.108e-06  -8.350e-07  2.363e-04   6.492e-06   1.597e-02


R-square for Endogenous Variables
  f1        f2        x5        x6
0.9235    0.9289    0.8007    0.7025


Parameter Estimates
         Estimate   Std Error   z value    Pr(>|z|)
ramda11  1.6597159  0.70731835  2.346491   1.895114e-02 f1 <--- x1
ramda12  1.2898630  0.63929348  2.017638   4.362894e-02 f1 <--- x2
ramda13  0.5771333  0.43535200  1.325670   1.849489e-01 f1 <--- x3
ramda14  0.3903050  0.38485554  1.014160   3.105066e-01 f1 <--- x4
ramda52  0.2385931  0.06274639  3.802499   1.432440e-04 x5 <--- f2
ramda62  0.2234860  0.05877346  3.802499   1.432440e-04 x6 <--- f2
phi11    1.0000016  0.20851474  4.795832   1.620014e-06 x1 <--> x1
phi22    1.0000019  0.20851482  4.795832   1.620014e-06 x2 <--> x2
phi33    0.9999987  0.20851415  4.795832   1.620014e-06 x3 <--> x3
phi4     0.9999991  0.20851422  4.795832   1.620014e-06 x4 <--> x4
phi5     0.1993019  0.06891621  2.891945   3.828646e-03 x5 <--> x5
phi6     0.2974880  0.07857744  3.785921   1.531402e-04 x6 <--> x6
phi12    0.8200017  0.19067422  4.300538   1.703840e-05 x2 <--> x1
phi13    0.6500001  0.17585199  3.696291   2.187724e-04 x3 <--> x1
phi14    0.5600000  0.16898679  3.313868   9.201478e-04 x4 <--> x1
phi23    0.6300002  0.17426247  3.615237   3.000729e-04 x3 <--> x2
phi24    0.5400001  0.16756576  3.222616   1.270257e-03 x4 <--> x2
phi34    0.4399990  0.16108308  2.731503   6.304611e-03 x4 <--> x3
```

```
Iterations=44
> semPaths(sem(modelC, r, N=47), whatLabels="stand", layout="tree")
```

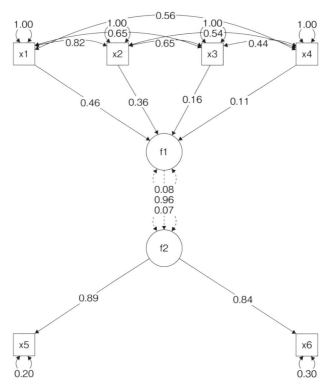

図8-7　semPlotによるPLSモデルの出力

　モデルの適合度は，上述した2つのモデルと同じようにχ^2値ではモデルは5%の有意水準で適合するが，AIC値で比較すると，多重指標モデルの適合度が最も高い。

```
Model Chisquare=16.90715   Df=3  Pr(>Chisq)=0.0007385079
  AIC=52.90715
  BIC=5.356703
```

文　　献

有馬哲・石村貞夫　1997　多変量解析のはなし　東京図書
アンダーバーグ，M. R. 著　西田英郎（訳）　1995　クラスター分析とその応用　内田老鶴圃
岩田暁一　1967　経済分析のための統計的方法　東洋経済新報社
岡太彬訓・今泉忠　1994　パソコン多次元尺度構成法　共立出版
奥村太一　2015　R によるパス解析
　　http://www.juen.ac.jp/lab/okumura/handout/151128R%E3%81%AB%E3%82%88%E3%82%8B%E3%83%91%E3%82%B9%E8%A7%A3%E6%9E%90.pages.pdf#search='%E5%85%B1%E5%88%86%E6%95%A3%E6%A7%8B%E5%9B%B3%E5%88%86%E6%9E%90%E3%80%81%EF%BC%B2'
奥村晴彦　1986　パソコンによるデータ解析入門―数理とプログラミング実習　技術評論社
狩野裕　1998　因子分析と共分散構造分析　日本行動計量学会春の合宿セミナー
　　http://koko15.hus.osaka-u.ac.jp/~kano/research/tutorial.html
狩野裕・市川雅教　1999　共分散構造分析　日本統計学会チュートリアルセミナー
芝祐順　1975　因子分析法　東京大学出版会
高根芳雄　1980　多次元尺度法　東京大学出版会
竹内啓　1976　数理統計学　データ解析の方法　東洋経済新報社
田中豊・脇本和昌　1991　多変量統計解析法　現代数学社
豊田秀樹（編）2014　共分散構造分析［R編］　東京図書
豊田秀樹・前田忠彦・柳井晴夫　1992　原因をさぐる統計学　共分散分析入門　講談社ブルーバックス
林知己夫・飽戸弘（編）1977　多次元尺度解析法　その有効性と問題点　サイエンス社
松浦義行　1972　行動科学における因子分析法　不昧堂
名城大学人間科学部神谷研究室　共分散構造分析
　　http://wwwhum.meijo-u.ac.jp/labs/hh002/r/sem02.html
柳井晴夫・高根芳雄　1978　現代人の統計，多変量解析法　朝倉書店
ロームスバーグ，H. C. 著　西田英郎・佐藤嗣二（訳）　1989　実例クラスター分析　内田老鶴圃
Carroll, J. D., and Chang, J. J. 1970 Analysis of individual differences in multidimensional scaling via an N-way generalization of "Eckart-Young" Decomposition. *Psychometrika*, 35, 283-319.
Grace, J. 2014 SEM.1.4-SEM Essentials-Basics of Estimation-version 1.0.pdf
　　http://www.nwrc.usgs.gov/SEM/SEM.1.4-SEM%20Essentials%20-%20Basics%20of%20Estimation%20-%20version%201.0.pdf
Harman, H. H. 1967 Modern factor analysis (2nd id). Chicago, MI: The University of Chicago

Press.

Hendrickson, A. E. and White, P. O. 1964 Promax: A quick method for rotation to orthogonal oblique structure. *British Journal of Statistical Psychology*, **17**, 65-70.

Hogg, R. V. and Craig, A. T. 1970 Introduction to mathematical statistics. New York: Macmillan Publishing.

Kaiser, H. F. 1958 The varimax criterion for analytic rotation in factor analysis. *Psychometrika* **23**, 187-200.

Kruskal, J. B. 1964 Nonmetric multidimensional scaling:A numerical method. *Psychometrika*, **29**, 115-129.

Torgerson, W. S. 1952 Multidimesional scaling: I. Theory and method. *Psychometrika*, **17**, 401-409.

事項索引

記号

%*%　6
*　6
/　6
[ ]　5

A–Z

abline　13
AIC　111
AGFI　111
aperm　16
apply　4, 16
array　16
as.dist　76
BIG　111
c　3
cmdscale　59
cov.test　85
cutree　74
diag　8
dim　4, 8
dist　59, 76
eigen　10
fa　51, 52
factor.scores　53
for　14
function　15
GFI　111
hclust　74
hqt1　92
hqt2　96
hqt3　102
hqt4　106
if　15
INDSCAL　55
indscal4　63
ISODATA法　73
isoMDS　62
kmeans　74
K-means法　73
lda2　85
length　4
lsfit　28
MDS　55
mean　4
MIMIC　111
par　13
pfa2　52
plclust　74

PLS　111
plot　11
points　13
promax　52
qda2　85
RMSEA　111
solve　9
sum　4
text　12
var　4
varimax　52

あ行

一次従属のベクトル　9
一次独立のベクトル　9
一般化固有値問題　95
因子得点　39, 44
因子負荷量　39
因子分析　39
バリマックス回転　41, 42
バリマックス基準　42
ウォード法　69
オブジェクト　3

か行

回帰係数　27
階数（ランク）　9
階層的クラスター分析　69
確認的因子分析　42
カテゴリー数量　91, 100
観測変数　109
偽相関　30
逆行列　8
共分散構造分析　109
共分散分析　37
共変成分　43
行ベクトル　3
行列　3
矩形行列　8
群平均法　67
計量的MDS　55
後退消去法　36
固有値　10
固有ベクトル　10

さ行

最急降下法　57
最短距離法　69
最長距離法　69

最尤法　39
サンプル数量　100
シード　69
市街地距離　57
システム関数　2
斜交回転　42
斜交座標系　43
主因子法　39
重回帰分析　30
重決定係数　33
重心法　69
重相関係数　31, 33
自由度調整済み重相関係数　33
樹形図　69
主成分　45
主成分係数　46
主成分得点　46
主成分分析　40, 45
数量化Ⅰ類　91
数量化Ⅱ類　94
数量化Ⅲ類　99
数量化Ⅳ類　105
スカラー　3
スクリープロット　41
ストレス　57
スピアマンの順位相関係数　48
正規固有ベクトル　10
正則行列　8
正の相関　29
正方行列　8
説明変数　27
説明率　28
線形回帰分析　27
線形重回帰式　30
線形相関　29
線形判別関数　80
線形判別分析　77
潜在変数　109
前進選択法　36
総あたり法　36
相関　29

た行

対角行列　8
対称行列　8
多重共線性　35
多重指標モデル　111
単位行列　8
単回帰式　27

単回帰分析　27
探索的因子分析　42
単純構造　41
直交行列　8
テトラコリック相関係数　48
転置行列　8
特異行列　8
ドミナンス距離　57

な行
ノード　70
ノーマルバリマックス回転　42

は行
パス係数　109
パス図　109
判別係数　82
判別得点　82
判別分析　79
判別変数　82
反変成分　43
PLS モデル　111
非階層的クラスター分析　69
非計量的 MDS　55
被説明変数　27
非線形回帰分析　27
非線形相関　29
非線形判別分析　79
フィッシャーの z 変換　30
負の相関　29
プロマックス回転　42
ベクトル　3
ベクトルの内積　6
偏回帰係数　30, 31
偏相関　34
偏相関係数　34

ポリコリック相関係数　48

ま行
マハラノビスの距離　79
MIMIC モデル　111
ミンコフスキーのパワー距離　57
ミンレス法　39
無相関　29
無相関検定　29

や・ら行
ヤング・ハウスホルダー変換　56
ユークリッド距離　57
ラグランジュの未定乗数　39
列ベクトル　3
ローバリマックス回転　42
ローカルミニマム　58

著者紹介

渡辺利夫（わたなべ としお）心理学博士（カリフォルニア大学，1988 年）
現職　慶應義塾大学環境情報学部教授

主要著作
心のライフデザイン　2003　ナカニシヤ出版
フレッシュマンから大学院生までのデータ解析・R 言語　2005　ナカニシヤ出版
知覚・認知モデル論　2009　ナカニシヤ出版
一億人のための心のオシャレ人生設計　2009　ナカニシヤ出版
誰にでもできるらくらく R 言語　2010　ナカニシヤ出版　ほか

R で多変量解析

2017 年 3 月 20 日　初版第 1 刷発行

　　　　　　　　　著　者　渡辺利夫
　　　　　　　　発行者　中西健夫
　　　　　　　　発行所　株式会社ナカニシヤ出版
〒606-8161　京都市左京区一乗寺木ノ本町 15 番地
　　　　　　　　　　　　Telephone　075-723-0111
　　　　　　　　　　　　Facsimile　075-723-0095
　　　　　　　Website　http://www.nakanishiya.co.jp/
　　　　　　　Email　iihon-ippai@nakanishiya.co.jp
　　　　　　　　　　　郵便振替　01030-0-13128

装幀＝白沢　正／印刷・製本＝創栄図書印刷
Copyright © 2017 by Toshio Watanabe.
Printed in Japan.
ISBN978-4-7795-1098-4　C3011

SPSS は米国 IBM 社の登録商標です。Excel は米国 Nicrosoft 社の登録商標です。なお，本文中では，TM．(R) マークは表記しておりません。

本書のコピー，スキャン，デジタル化等の無断複製は著作権法上の例外を除き禁じられています。本書を代行業者等の第三者に依頼してスキャンやデジタル化することはたとえ個人や家庭内での利用であっても著作権法上認められていません。